LES 100 HISTOIRES DE LÉGENDE DU VÉLO

www.les100histoires.com

@les100histoires
#les100histoires

GÉRARD HOLTZ
JULIEN HOLTZ

LES 100 HISTOIRES DE LÉGENDE DU VÉLO

Gründ

SOMMAIRE

4. HISTOIRES D'EXPLOITS 75

5. DRAMES ET TRAGÉDIES 95

Gérard sur un vélocipède en 2017
lors d'une reconstitution de Paris-Versailles,
première course cycliste (1867).

Julien dans l'ascension
du « mur d'Ault » lors
de la Ronde picarde 2009.

DÉCLARATION D'AMOUR

Je t'écris cette lettre pour te dire à quel point je t'aime. Un amour fou, intense, entier, passionné. Mon cœur s'emballe quand je pense à toi, mon esprit vagabonde, des rêves par milliers viennent me hanter.

Je t'aime… Quand je ne te vois pas, la vie n'est pas la même, car dès que je m'éloigne de toi, tu me manques atrocement. Un sentiment étrange, et même douloureux. Un grand vide, je t'aime…

Pour dire la vérité, j'ai besoin de toi, d'ailleurs tout de moi te réclame : mon cœur, mon corps, ma tête. Tu me fais du bien, tu m'aides à mieux vivre, tu m'apprends la liberté, l'effort, le dépassement.

Comme l'écrivait André Gide, « le grand bonheur après que d'aimer, c'est de confesser son amour », alors j'avoue : je suis fou amoureux de mon vélo, ou plutôt de mes vélos… car quand on aime, on ne compte pas !

« En fait d'amour, vois-tu, trop n'est même pas assez » explique Beaumarchais dans *Le Mariage de Figaro*. C'est exactement ma philosophie de cycliste passionné.

Avec ces 100 histoires de légende, vous allez mieux comprendre pourquoi le « vélo » - ou la « bicyclette », comme vous le voulez - est l'une des plus belles inventions modernes, créatrice de liberté, de bien-être et de santé. Des inventeurs aux champions, des écrivains aux aventuriers… En réalité, de vous à moi, je vous invite à partager cet amour du vélo, en espérant que vous aussi, vous aurez un jour le cœur en forme de deux-roues !

Vive le vélo !
GÉRARD ET JULIEN HOLTZ

P.-S. : rassurez-vous, aucune jalousie de nos deux épouses, Julie et Muriel, après cette déclaration d'amour… Comme nous, elles aiment le vélo et en font à merveille !

1 HISTOIRE DU VÉLO

Veni, Vinci, bici *

1818

Karl Drais et Léonard de Vinci

La draisienne, ancêtre de la bicyclette. Dessin réalisé en 1820.

Qui a inventé la première bicyclette ? Léonard de Vinci, peut-être... Rien n'est certain en effet dans l'histoire de ce fameux croquis retrouvé au milieu de dessins obscènes dans le feuillet 133 du *Codex Atlanticus* (le recueil d'illustrations et de notes du génie italien).

Vrai, évidemment, son talent de peintre reconnu dans le monde entier, avec ses chefs-d'œuvre *la Cène* et *la Joconde*. Vraie, également, sa formidable créativité d'ingénieur qui l'amène à imaginer avec des siècles d'avance le parachute, l'hélicoptère, le char d'assaut, le sous-marin, le scaphandre. Vrai, encore, l'énoncé de sa théorie du frottement, imaginée avec deux cents ans d'avance sur les autres scientifiques. Vrais, enfin, les croquis de ce génie universel qui a dessiné un système de transmission par engrenage, ancêtre des chaînes modernes.

Un professeur italien, Michele Lombardi, convaincu par ces schémas, a fabriqué un engin en utilisant les notes de Léonard de Vinci. Malheureusement, « cela sonne faux ! », lui répond Pascal Brioist, un scientifique français spécialiste de la Renaissance. « L'œuvre est peut-être due à l'un de ses élèves, mais on ne retrouve pas le trait du maître. »

Le doute à tout jamais pour le vélo de Léonard, la certitude en revanche pour la draisienne du baron Karl ! Nous sommes en 1817, la météo est mauvaise cette année-là. Un froid incroyable même en été, la faute, paraît-il, à un volcan en éruption qui provoqua d'énormes nuages de cendres au-dessus de l'Europe. Les hommes souffrent, les chevaux meurent, l'avoine est devenue chère, pour se déplacer, il faut inventer de nouveaux moyens de locomotion.

Le baron von Drais a une inspiration de génie : il crée une *laufsmachine* (une « machine à courir »). Une planche de bois avec un guidon monté sur un tube qui permet de diriger son engin. On se meut avec les jambes qui touchent le sol. La draisienne, l'ancêtre du vélo, est née. 1818, brevet, succès. Démonstration au jardin du Luxembourg : le baron fait un malheur ! Le Français Nicéphore Niépce (inventeur de la photographie) s'en mêle en améliorant l'engin du baron mais, en deux, trois ans la mode passe... La météo s'améliore, le cheval revient au galop et, surtout, au début des années 1860, de nouveaux inventeurs interviennent : les Michaux père et fils, créateurs du vrai premier vélocipède avec des pédales fixées sur la grande roue avant.

** « bici » pour l'italien* bicicletta *(« bicyclette »)*

1861
Pierre et Ernest Michaux

De la draisienne au vélocipède

Le prince impérial Louis-Napoléon sur un vélocipède dans le jardin des Tuileries, admiré notamment par l'empereur et son épouse (1869).

Il a une belle allure, le prince impérial, sur son vélocipède, parcourant les allées des Tuileries… Le petit nombre de privilégiés qui assistent à la scène admirent l'adresse et la vélocité du fils unique de l'empereur Napoléon III et de l'impératrice Eugénie… Louis-Napoléon s'est pris de passion pour l'invention de la famille Michaux. Il honore même de sa présence la première course officielle à vélo, organisée le 31 mai 1868 dans le parc de Saint-Cloud et gagnée par l'Anglais James Moore. Le prince cycliste se retrouve affublé d'un surnom qui fait sourire le Tout-Paris : « Vélocipède IV » !

Très loin du palais impérial, c'est dans un petit atelier du quartier des Champs-Élysées, au 7 cité Godot-de-Mauroy, que Pierre Michaux a eu l'intuition géniale d'adapter des pédales sur la fameuse machine à courir du baron Karl von Drais. D'autres s'y sont essayés avant lui, l'Écossais Kirkpatrick Macmillan en 1839 par exemple, mais son invention manquait de maniabilité.

Michaux, serrurier de profession, sait parfaitement travailler le métal. Avec son fils aîné Ernest, raconte Keizo Kobayashi (auteur d'une thèse sur l'histoire du vélocipède), il imagine la fixation de deux pédales en opposition sur la roue avant d'un engin qu'il construit en métal, avec même un frein sur la roue arrière. Le vélocipède est né ! Nous sommes en 1861.

Succès phénoménal immédiat pour ce nouveau mode de locomotion utilisé en loisir ou en compétition, car les courses comme Paris-Rouen ou Paris-Versailles se multiplient. À cette époque, le prix de ces engins à la mode varie de 225 à 1000 francs. Pierre Michaux créé la Compagnie parisienne des vélocipèdes puis, le 7 mai 1868, s'associe avec les frères Olivier. Pour la petite histoire, au même moment, un autre Français, André Guilmet, invente le système moderne du pédalier, placé entre les deux roues et relié à elles par l'intermédiaire d'une chaîne !

Michaux prend en charge la fabrication et l'amélioration des vélocipèdes ainsi que la surveillance des ouvriers. Les trois frères Olivier – Aimé, René et Marius – vont s'occuper de la commercialisation des produits et de la comptabilité. Le succès est tel qu'un nouvel atelier est ouvert au 27 rue Jean-Goujon. L'affiche à l'entrée parle de 3000 mètres de superficie pour le manège d'entraînement, de leçons offertes aux acquéreurs et de succursales à Londres, Manchester et Saint-Pétersbourg.

Malheureusement, tout va basculer en quelques mois pour le génial inventeur. D'abord, la mésentente avec les frères Olivier, un procès, la faillite et une condamnation. Ensuite, un Français, Pierre Lallement, s'installe en Amérique et dépose un brevet pour les vélocipèdes.

Enfin, la guerre de 1870 casse le cycle vertueux des Français. Des Anglais reprennent le flambeau dans leurs ateliers innovants, à l'image de Harry Lawson et John Kemp Starley, qui vont créer les premières bicyclettes avec deux roues de même taille et une chaîne entraînant la roue arrière.

1885
James et John Starley

Du grand bi à la bicyclette de sécurité

John Starley au guidon de son Rover Safety.

Que vous soyez fou de compétition, enfourchant le week-end votre plus beau vélo de course, ou juste amateur de promenades bucoliques et de transports écolos, n'oubliez jamais, en montant sur votre bel engin, le nom de ces Anglais : James et John Starley, l'oncle et le neveu. Des bricoleurs de génie.

Les plus érudits se souviennent du baron Karl von Drais et de sa « draisienne » (un engin en bois sans pédales inventé en 1818), des Michaux et de leur « michaudine » (le premier vélo équipé de pédales, sur la roue avant, inventé en 1861). Ils sont obligés d'ajouter à la liste des créateurs de la bicyclette telle que nous l'utilisons aujourd'hui ces mécaniciens, quasi anonymes, qui ont révolutionné à leur façon la conception de la petite reine : les Starley.

Année 1839. Pendant que l'Écossais Kirkpatrick Macmillan brevette l'ancêtre des pédales, le petit James, du haut de ses 9 ans, impressionne déjà son papa, fermier dans le Sussex, par ses talents créatifs : un piège à souris avec une baleine de parapluie, une échappatoire pour canards en fuite devant des rats gloutons... Dans les années 1870, les fabriques de vélocipèdes prolifèrent au Royaume-Uni, James fonde la sienne à Coventry. Les Anglais prennent le relais des inventions françaises : Harry John Lawson par exemple, qui s'approprie en 1874 le concept des pédales développé par André Guilmet en 1869 (tombé dans l'oubli après sa mort en 1870). Edward Otto dessine un dicycle, un engin où le cycliste est assis entre deux immenses roues. L'une des premières créations de Starley lui vient en 1871 en chevauchant les « tape-culs » français (*boneshakers*). La solution ? Reprendre à son compte une innovation mise au point en 1809 par l'Anglais George Cayley (né au siècle des Lumières, père de l'aviation, inventeur de la ceinture de sécurité et des feux de signalisation) : James Starley présente « Ariel », un vélo où les roues en bois cerclées de métal (traditionnelles à l'époque et particulièrement inconfortables) sont remplacées par des roues à rayons !

Après le confort, les manufacturiers s'affairent à rendre les grands bis plus sûrs. Nombre s'y sont essayés, et c'est John Kemp Starley (le neveu de James) qui tirera les marrons du feu en présentant en grande pompe son « Rover Safety » au Stanley Cycle Show 1885, la principale exposition annuelle de vélos à Londres.

La marionnette de Steve Jobs aux *Guignols* aurait bien raison : « Ceci est une révolution ! » Avec une ergonomie complètement repensée, la « bicyclette de sécurité » va établir les bases du vélo tel qu'on le connaît aujourd'hui : un cadre en forme de diamant, une selle suspendue, une hauteur d'assise modérée permettant au cycliste de poser pied à terre, deux roues de taille quasi identique et une transmission de l'énergie à la roue arrière par le biais d'une chaîne.

Pour la petite histoire, la Rover, la compagnie fondée par John Starley, survivra au décès prématuré (en 1901) de son fondateur et se lancera même, trois ans plus tard, dans la production de motos et d'autos...

1888
John Boyd Dunlop

Gonflé !

John Boyd Dunlop (1840-1921) sur un vélo équipé de ses pneus.

Finie l'euphorie vélocipédique de l'année 1868, moins de deux ans plus tard, la France entre en guerre contre la Prusse. L'Angleterre prend le relais pour la fabrication et les nouvelles inventions touchant les deux-roues. De Londres à Birmingham en passant par Coventry, le génie créatif des Britanniques explose. Le vélocipède cède définitivement sa place à la bicyclette aux deux roues identiques à rayons, avec un cadre géométrique et une chaîne entraînant la roue arrière, bref, un vélo comme aujourd'hui !

Pausey & Crodwen dessinent un cadre d'une simplicité remarquable avec le « Pioneer », pas encore de chaîne pour le « Crypto Bantam » mais une roue avant motrice efficace. Une légèreté incroyable pour l'époque (9 kg) pour l'« A93 » de Premier Cycle Co. À retenir aussi le « Sparkbrook », vélo conçu spécialement pour la course, et le « Gentleman's Roadster » de Singer (l'homme des machines à coudre !), réputé pour son confort sur les routes défoncées.

Que de noms disparus malgré l'ingéniosité de leurs trouvailles ! En revanche, la marque Dunlop, elle, a traversé le temps, et pour cause : son invention a été utile à tous les fabricants de bicyclettes, d'hier à aujourd'hui ! Vétérinaire écossais vivant en Irlande du Nord, papa John voulait faire plaisir à son fils de 9 ans, adepte d'un tricycle aux roues garnies de caoutchouc plein. Un vrai progrès déjà car, longtemps, on a roulé sur des cercles en ferraille. Halte au *boneshaker* se dit John Boyd Dunlop, fini le tape-cul, « je vais vous proposer quelque chose de nouveau qui ne manque pas d'air » : et si on remplissait justement un tube mi-lin mi-caoutchouc, équipé d'une valve, avec de l'air ?

Souplesse et confort : Dunlop vient d'inventer le pneumatique ! Il dépose sa marque, s'associe avec un industriel local pour fabriquer des roues compatibles et signe avec un coureur professionnel (Willie Hume) qui gagne dès 1889 des dizaines de courses avec sa bicyclette équipée des pneus Dunlop. Invention gonflée et succès époustouflant.

Trois ans plus tard, en 1891, les frères Michelin, André et Édouard, installés à Clermont-Ferrand, vont ajouter à l'idée de Dunlop un élément essentiel : pour gagner du temps, ils mettent au point un pneu démontable et réparable en quinze minutes ! L'immense champion Charles Terront gagnera ainsi le fameux Paris-Brest-Paris (1200 km en 71 h 22') avec un vélo équipé de pneus Michelin, une victoire suivie d'une réussite commerciale historique pour le Bibendum.

1895

Pierre et Marie Curie

Le peloton des personnalités

Pierre et Marie Curie parés pour une balade à bicyclette.

« La culture c'est comme la confiture, moins on en a, plus on l'étale ! » Françoise Sagan, auteure de cette maxime célèbre, n'y est pas allée avec le dos de la cuillère pour fustiger ceux et celles qui en font trop en société avec la moindre information...

Pourtant, malgré la justesse du jugement de l'auteure de *Bonjour tristesse*, nous vous proposons de prouver vos connaissances avec cette interrogation : « Quel est le point commun entre Albert Einstein, Émile Zola, Lawrence d'Arabie, Tristan Bernard, Léon Tolstoï et Pierre et Marie Curie ? Réponse : la bicyclette !

Grâce à la minutieuse enquête de Renaud Alberny (*Des grands hommes à vélo*, publié chez Glénat), on découvre la passion pour le vélo (parfois cachée) de toutes ces personnalités célèbres. Avec, pour chacun et chacune, une manière personnelle d'utiliser ce moyen de transport de loisir ou de sport, qui s'est développé de façon extraordinaire au début du XXe siècle.

Il y a d'abord les cascadeurs : Léon Tolstoï en est l'exemple parfait. Le célèbre écrivain russe confiait dans son journal : « La bicyclette, pourquoi j'ai envie d'en faire ? Simplement cela m'amuse innocemment, enfantinement. » Et Renaud Alberny d'ajouter brillamment : « Il y a quelque chose de profondément jubilatoire dans le fait de trouver son équilibre sur une monture qui intrinsèquement en est totalement dépourvue. » Dans la banlieue de Moscou où il s'entraînait, en référence au très fameux tsar Ivan le Terrible, on qualifiait l'auteur de *Guerre et Paix* de « Léon le Terrible », multipliant les chutes malgré ses 67 ans !

Il n'est pas le seul, évidemment. Qui n'est jamais tombé à vélo ? Mark Twain, célèbre auteur américain, pouvait en témoigner, s'exerçant lui à maîtriser un grand bi, comme le camarade Vladimir Ilitch Oulianov, dit Lénine, renversé par une auto près de Juvisy en 1910 pendant un séjour parisien, alors qu'il rentrait chez lui en deux-roues. Einstein disait quant à lui : « La vie c'est comme une bicyclette, il faut avancer pour ne pas tomber. »

Moins de chutes et surtout beaucoup plus de kilomètres pour Lawrence d'Arabie : étudiant à Oxford, il va sillonner la France à bicyclette de la Bretagne à Carcassonne, de châteaux forts en citadelles, pour compléter ses études d'archéologie du Moyen Âge.

Amour du vélo, amour tout court pour Pierre et Marie Curie, prix Nobel de physique et de chimie, roue dans roue, cœur à cœur, sur les routes de Bretagne, avec deux vélos offerts à leur mariage en juillet 1895. Émile Zola, cycliste et écrivain visionnaire, imaginera dans Paris « l'émancipation de la femme par la bicyclette... La culotte qui délivre les jambes, les sorties en commun qui égalisent les sexes... Si un jour j'ai une fille je la mettrai dès 10 ans sur une bicyclette pour lui apprendre à se conduire dans la vie ! »

Le conte du compteur

1895
Curtis Veeder

Publicité de la Veeder Manufacturing Company pour son compteur de distance. Campagne relayée en 1899.

It's nice to know how far you go : le slogan avec lequel la Veeder Manufacturing Company, fondée par Curtis Veeder, assurait la promotion de son compteur de vélo. Commercialisé en 1895, le « Veeder Cyclometer » est connu pour être le plus vieil ancêtre de nos compteurs actuels. L'appareil affichait la distance parcourue grâce à un mécanisme d'engrenage : les rayons faisaient tourner une petite étoile reliée au compteur qui, lui-même, était fixé sur la fourche. Simple mais ingénieux !

Son créateur, Curtis Veeder, né en Pennsylvanie en 1862, était de ces génies inventifs et affairés, acteurs et moteurs de la révolution industrielle de cette fin de siècle. Dès l'enfance, il avait montré un intérêt pour la mécanique, expérimentant la fonte des métaux ou assemblant une petite machine à vapeur. Il fabriqua même son propre vélo à 18 ans, alors qu'il n'était encore qu'au lycée ! À 24 ans, diplôme de génie mécanique en poche et dopé par son élan créateur, Veeder breveta un palan électrique pour l'industrie minière et un appareil de régulation automatique pour les projecteurs navals. L'ingénieur est aussi à l'origine de la première locomotive électrique utilisée sur les voies régulières aux États-Unis !

Malgré cette foule de brevets, c'est la bicyclette qui allait être le socle de sa réussite industrielle, tout d'abord avec l'idée d'une selle en cuir souple tendu sur un cadre à ressorts en acier. Veeder, un temps salarié de la Pope Manufacturing Company à Hartford, eut le toupet de lui refuser une offre de 200 dollars : il voulait approfondir son concept et, deux ans plus tard, il lui céda le brevet pour 1 000 dollars !

Curtis voyait plus loin avec son fameux « cyclomètre » et, plutôt que de le vendre à Pope, il décida de le fabriquer lui-même en fondant la Veeder Manufacturing Company. Nous étions le 15 août 1895.

Le compteur de vélo connaîtra des évolutions majeures à partir des années 1980 avec l'affichage à cristaux liquides. Parmi les premiers grands acteurs : Avocet, CatEye, Vetta et Sigma… D'abord fixé à la fourche, avec le développement de la transmission par câble, le compteur s'est installé à vue, sur le cintre du guidon. Aux mesures de distance et de vitesse se sont ajoutées celle de la fréquence cardiaque (Polar en 1982 et Vetta, notamment) puis celle de la puissance (avec l'invention du SRM PowerMeter en 1986). Des indicateurs clefs de performance qui ont radicalement modifié les entraînements, pour une approche beaucoup plus qualitative et spécifique. Au début des années 2000, Garmin intègre le GPS : plus besoin de carte routière dans la poche arrière et, désormais, l'avantage de pouvoir historiser ses tracés. Surfant sur le succès de la marque américaine, de nombreuses applications mobiles viendront ajouter des fonctions de partage en temps réel et accélérer le développement des communautés en ligne.

En roue libre

1897
Jean Fasano

Cinq cents tâches différentes sont nécessaires pour monter un vélo. Photo prise au cours des années 1930 dans une fabrique de cycles de Chicago, où mille cinq cents bicyclettes sont fabriquées durant la saison haute.

« Une bicyclette est un concours de grâces » écrit Louis-Ferdinand Céline, et Max Favalelli de s'esbaudir à son tour en ajoutant : « La bicyclette est une merveille de mécanique, un prodigieux instrument de progrès. » De la draisienne rustique propulsée par les pieds au vélocipède avec sa grande roue avant, du cocasse tricycle à la vraie bicyclette de la fin du XIXe siècle, les inventeurs ont rivalisé d'astuces, de créativité, d'intelligence pour faire du vélo un engin léger pratique et souvent magnifique.

Guilmet et Lawson pour la transmission par chaîne, Bowden pour les freins avec un câble, les marques Reynolds pour les tubes en acier et Raleigh et Sturmey-Archer pour les vitesses dans le moyeu… Chaque mois, chaque année à partir de 1874 sont marqués par une idée géniale, comme la roue libre.

Explication : les roues des premiers vélos étaient équipées de pignons fixes, on pédalait sans temps mort ; obligation donc de tourner les jambes comme sur certains vélos d'enfants. En 1869, l'Américain William Van Anden dépose un premier brevet de roue libre pour les vélocipèdes qui, apparemment, sera boudé par les pratiquants. Harmon D. Moise d'un côté, Ernst Sachs de l'autre proposent en 1895 une sorte de roue libre logée dans le moyeu arrière.

En France, il faut retenir le nom d'un spécialiste de la fabrication des armes de chasse, Jean Fasano, qui devient en 1897 sous-directeur de la fameuse manufacture d'armes et de cycles de Saint-Étienne : Manufrance. Grand inventeur de machines-outils (il met au point une perceuse pour le métal), il s'inspire des idées d'un certain Mimard pour créer lui aussi une roue libre. Trouvaille géniale qui sera vite un succès car, contrairement aux autres systèmes, le cycliste peut s'arrêter de pédaler alors que la roue arrière continue de tourner librement.

L'esprit jamais en roue libre, Jean Fasano réussira, dans les mois qui suivent son invention, à mettre au point un mécanisme à deux chaînes et un véritable changement de vitesses, ébauche du futur dérailleur.

1912
Paul de Vivie

Vélocio et le dérailleur

Paul de Vivie, dit « Vélocio », au début des années 1900.

Le Zodiac, le four à micro-ondes, Internet, le GPS, la boîte de vitesses semi-automatique, l'ABS, l'antipatinage, la suspension active, l'électronique embarquée... Saviez-vous que cette foule d'inventions qui nous facilitent la vie et nous sécurisent provenaient de la recherche militaire et du sport de haut niveau ?

Une innovation échappe à la règle : le dérailleur, cet équipement permettant, en changeant facilement de braquet, d'adapter son coup de pédale au terrain. Certainement la plus grande avancée que le monde de la « petite reine » ait connue après la conception de la fameuse « bicyclette de sécurité ». Un accessoire révolutionnaire imaginé en 1895 par le Français Jean Loubeyre (le dépositaire du brevet du « polycélère »), et longtemps boudé par le patron du Tour, Henri Desgrange, pour qui il valait mieux « triompher à la force du muscle », c'est-à-dire pédaler comme un damné sur les chemins de l'enfer, dans les Alpes et les Pyrénées. À l'époque, les pionniers du Tour n'avaient que deux développements, un pour la plaine et un pour la montagne, et il fallait s'arrêter en plein effort pour retourner la roue arrière.

Longtemps interdit en course, c'est à travers le cyclotourisme que le dérailleur s'est démocratisé. Une pratique loisir du vélo née de l'esprit de Paul de Vivie, dit « Vélocio » (« celui qui va vite à vélo »). Pris d'un coup de foudre pour la bicyclette, il ferme son entreprise de filature de soie et crée sa manufacture sous la marque La Gauloise et un magazine baptisé *Le Cycliste*, dans lequel il n'aura de cesse d'encourager les gens à se mettre au vélo. Joignant les actes à la parole, « Vélocio » se lance dans de grandes randonnées (qui sont à l'origine des Diagonales de France : neuf parcours qui relient les extrémités de l'Hexagone), des raids qui vont le motiver à développer et tester de nombreux systèmes de démultiplications !

Son élan a fédéré de nombreuses énergies, des disciples au sein de ce que l'on a appelé « l'école stéphanoise », en particulier un certain Joanny Panel, qui créa en 1911 son propre dérailleur sous la marque Le Chemineau et décida de le tester grandeur nature sur le Tour de France dans la catégorie des « isolés » ! Panel s'attira les foudres de Desgrange, qui décida en 1913 d'interdire les dérailleurs sine die. Ce n'est d'ailleurs qu'à sa retraite que Jacques Goddet, son successeur, revint sur cette interdiction et, dans un souci d'équité sportive, homologua un modèle unique (le « Super Champion » fabriqué par Simplex). Résultat spectaculaire : la lanterne rouge du Tour 1937 fut plus rapide que le vainqueur du Tour 1936, le dernier de l'ère Desgrange !

Des plumes et du goudron

1913
Marcel Duchamp

Marcel Duchamp au Walker Art Center de Minneapolis (États-Unis) en 1965.

Eux aussi méritent le bouquet de fleurs donné au vainqueur : ces grands artistes, écrivains, journalistes, conteurs passionnés et passionnants qui, depuis l'invention de la bicyclette, ont mis leur cœur, leur plume ou leur enthousiasme au service de cette machine unique.

Buffon avait parlé du cheval comme de « la plus noble conquête de l'homme », ils ont été nombreux, les inconditionnels du deux-roues, à célébrer de la Belle Époque à aujourd'hui cette machine magique, multiforme et unique, capable de vous offrir autant de plaisir que de souffrance.

À chaque artiste sa vision, ses images, ses mots : Ernest Hemingway, dans *Paris est une fête*, décide de renoncer aux courses de chevaux pour leur préférer les vélodromes, le fameux Vél d'Hiv en particulier, « dans la lumière fumeuse de l'après-midi, les duels qui étaient ce qu'on pouvait voir de plus poignant, [...] et les coureurs épaule contre épaule, roue contre roue, tournant à une allure meurtrière [...]. »

Picasso s'empare d'une vieille selle de cuir et d'un guidon renversé pour faire sa *Tête de taureau* tandis que Marcel Duchamp transforme, en la retournant, une roue de bicyclette en œuvre d'art. Traits de génie de ces rois craquant pour la « petite reine ».

Ainsi, au fil des années, de Pablo Neruda à Marcel Aymé, de François Nourissier à Alphonse Allais, ils ont tous, avec leur style et leur originalité, réussi à nous faire partager leur passion. « La vapeur, l'électricité n'étaient que des progrès servant [au] bien-être [de l'homme] », écrit Maurice Leblanc dans *Voici des ailes*. « La bicyclette est un perfectionnement de son corps lui-même, l'achèvement pourrait-on dire. [...] Lui et sa machine ne font qu'un ! »

Et Jules Romains d'ajouter dans *Les Copains* (récit de deux amis à vélo près de Nevers) : « Mon vieux ! je suis heureux ! Tout est admirable ! Et nous glissons à travers tout sur de souples et silencieuses machines. Je les aime, ces machines. [...] Elles ne nous portent pas bêtement. Elles ne font que prolonger nos membres [...]. »

Comment rester insensible à ces poèmes et ces récits ? Aux jeux de mots irrésistibles d'Antoine Blondin : « Le Tour de France, c'est la fête et les jambes. » Aux expressions ciselées et tellement justes de Paul Fournel : « Jacques Anquetil, c'était l'envol et la danse dans un sport de bûcheron, son coup de pédale était un mensonge. » Ou encore à l'aveu de Louis Nucéra, cycliste et écrivain, et surtout poète voyant René Vietto gagner en 1934 à Cannes : « De ce jour date ma ferveur pour le vélo, ce concours de grâces, comme le disait Céline. Le temps a filé. Les cheveux blancs sont venus. Des forces m'ont déserté. Cette ferveur ne me quitte pas. Chaque année, à une allure de facteur mais avec la même assiduité que naguère, je parcours une dizaine de kilomètres sur ces deux-roues montés sur une équation... Il arrive ainsi que l'idée de l'insignifiance des choses est tenue en respect. » Citation extraite d'*Un petit vélo dans la tête* aux éditions Jean-Pierre de Monza.

La chasse aux papillons

1927
Tullio Campagnolo

Éventail des composants fabriqués chez Campagnolo.

Dans les histoires de légende du vélo, il y a quelques noms de marques mythiques qui ont traversé le siècle depuis l'invention de cette machine phénoménale : Peugeot, Michelin, Dunlop, Gitane, Raleigh, Schwinn, et puis en Italie Colnago, Pinarello, Bianchi et Campagnolo.

« Mon vélo ? Tout "Campa" ! » vous répondront sans hésiter les milliers de passionnés qui ont choisi pour leur vie entière, comme on entre en religion, de s'équiper avec les accessoires de la célèbre usine de Vicence, en Vénétie.

Tout a commencé pour Tullio (diminutif de Gentullio) dans l'arrière-boutique de la quincaillerie de son père Valentino. Tullio, jeune cycliste amateur, vient de perdre une course à cause d'une histoire de « papillons », le 11 novembre 1927, en escaladant le Croce d'Aune (dans les Dolomites) pour la course Gran Premio della Vittoria. La pente est rude, les conditions météo sont épouvantables. Il y a du vent, il neige. Alfredo Binda et Learco Guerra vont bon train. Tullio, lui, cale dans la montée. Il doit retourner sa roue pour changer de pignon, c'est le système à l'époque. Les mains gelées, il ne réussit pas à desserrer les papillons. Il faut inventer quelque chose !

Furieux, *furioso* et même *arabiatissimo* en italien. Il décide de réagir. Un marteau, une pince et, surtout, une idée de génie : fini les papillons pour lui, il invente un système extrêmement simple de blocage rapide. Brevet, succès !

Aujourd'hui encore, on emploie le mécanisme de Tullio Campagnolo, mais ce bricoleur de génie ne s'est pas arrêté là. En 1930, il dépose pour le monde entier le brevet d'un dérailleur à baguette. La réussite du concurrent Vittoria ne l'effraie pas car, superbement aidée par la notoriété et les performances de Fausto Coppi dans les années 1950, Campagnolo devient une marque à la renommée planétaire.

Mille employés aujourd'hui, en Vénétie et à Bologne, 80 % de la production exportée dans quatre-vingt-dix pays. Un chiffre résume tout le succès de la marque italienne : dans le Tour de France 1963 remporté par Jacques Anquetil, en « Campa » d'ailleurs, sur cent trente inscrits, cent dix coureurs utilisaient un dérailleur Campagnolo !

1965
Luud Schimmel-pennink

Des anarchistes à l'origine du Vélib'

Le groupe Provo en plein happening dans les rues d'Amsterdam.

Vous faites peut-être partie de celles et ceux qui ont un jour pesté contre Anne Hidalgo, automobilistes immobiles sur des chaussées rétrécies par les voies de bus, motards asphyxiés par le doux parfum du diesel… Les rues de Paris redessinées pour réduire la place de la voiture… Après des années de règne sans partage, la voiture, considérée parfois comme un sceptre des valeurs de droite, est devenue à partir des années 2000 l'ennemie numéro un de la gauche caviar et écolo, lui préférant les transports en commun et les mobilités décarbonées et partagées.

Acteur d'une politique écologiste et sanitaire ambitieuse, Bertrand Delanoë le premier lança deux expérimentations majeures sur le libre-service : Autolib' (le système de voitures électriques de Bolloré) et Vélib' (les vélos en libre-service de JCDecaux, inaugurés en juillet 2007). Des tarifs très abordables, un réseau dense de stations, grâce à quoi les usagers se sont rués sur les abonnements (malgré les 22 kg de la bicyclette !) : 300 000 abonnés en 2017 et, en moyenne, six utilisateurs différents par vélo et par jour ! Un grand succès que la ville de Paris n'aurait probablement jamais connu sans l'activisme de – concentrez-vous – Laurens Maria Hendrikus Schimmelpennink !

L'idée du vélo en libre-service remonte à 1965 à Amsterdam. La ville est réputée pour faire la part belle à la « petite reine » : elle compte 600 000 vélos pour 750 000 habitants, 400 kilomètres de pistes cyclables et plus de déplacements à vélo (33 %) qu'en voiture (19 %). C'était loin d'être le cas à l'époque, la capitale néerlandaise était congestionnée par la circulation automobile et suffoquait. Il fallait agir…

Les membres de Provo avaient prévenu : « La terreur asphaltée de la bourgeoisie motorisée dure depuis trop longtemps. » Comme les Femen aujourd'hui, le mouvement contestataire et anarchiste avait entrepris par des happenings (des *provo*-cations) de sensibiliser les Amstellodamois sur divers sujets, tels que l'urbanisme, l'écologie, la consommation, les violences policières ou les mœurs sexuelles.

Parmi ses leaders, Luud Schimmelpennink, qui avait eu une idée un peu hippie : peindre des vélos en blanc et les laisser en accès libre dans les rues de la ville… Volés, jetés dans les canaux ou récupérés par la police (il était interdit qu'un vélo n'ait pas d'antivol), les *witte fietsen* (« vélos blancs ») ont fait long feu, mais Schimmelpennink a fait bouger les lignes. Il était même allé jusqu'à se faire élire au conseil municipal pour développer son projet ! L'ingénieur ne se laissa pas abattre et revint à la charge en 1974 avec ses *witkars*, des voitures blanches, électriques et en libre-service ! Ne cherchez plus le père des Vélib' et Autolib' ! Peut-être un peu trop en avance sur son temps, Schimmelpennink a dû patienter jusqu'aux années 1990 et 2000 pour voir fleurir à grande échelle la concrétisation de ses systèmes de libre-service… Mieux vaut tard que jamais !

Descente infernale

Figure vertigineuse de l'Américain Nicola, en « cash-roll » lors d'un match du Red Bull Tianmen Mountain Ladder Downhill (Chine, 2016).

1977
Joe Breeze

Si les médias traditionnels font la part belle au cyclisme sur route, la marque Red Bull, productrice de son propre contenu sur sa chaîne Web, nous permet depuis quelques années de goûter aux sensations fortes (et pas seulement en buvant ses potions magiques !)...

Exemple en 2016 avec Filip Polc, qui dévale les favelas de Rio à fond les ballons, et surtout depuis 2003 au Chili, avec le mythique Valparaiso Cerro Abajo, une course qu'il a remportée à quatre reprises. Cette nouvelle discipline, l'« urban downhill », une version macadam et béton des courses de VTT de descente, est ultra-spectaculaire, et les *replays* réalisent des millions de vues sur le Web ! Escaliers, rampes, ruelles, ruptures de pentes, tous les obstacles sont bons pour faire des bonds ! Trois à quatre minutes d'effort qui mettent l'homme et la machine à rude épreuve. Casque, masque, gants, protections : l'équipement est digne du motocross et le vélo aussi, à vrai dire !

Ce « sport spectacle » des années 2010 est le fruit de trente ans d'évolutions et d'innovations apportées à la bicyclette. Tout a commencé dans les années 1970 avec une bande de copains (Tom Ritchey, Gary Fisher, Jopts Brandt, Charles Kelly et Joe Breeze), un peu hippies sur les bords, en quête de fun et de sensations, qui s'amusaient à dévaler les montagnes du comté de Marin (Californie). Au guidon de leurs Schwinn Excelsior, ils se pressaient chaque année au départ de la Repack Race, la première course de descente au monde, organisée sur le mont Tamalpais à partir de 1976 (en 19 participations sur les 24 éditions, Breeze en remportera 10 !).

Leurs vélos, des « cruisers », étaient à l'origine conçus pour la plage. De gros pneus « boudins », une seule vitesse, un freinage à tambour ou à rétropédalage. Ces courses de descente les brutalisaient : les pilotes devaient faire face à de nombreuses casses et, surtout, à la nécessité de recharger en graisse le système de freinage, parfois en cours de course... Les gars de la bande n'avaient d'autre solution que d'apporter des évolutions techniques à leurs engins...

En 1976, Gary Fisher commence par monter un dérailleur sur son vélo. L'année suivante, Joe Breeze construit le premier véritable « VTT » – le « breezer ». Réponse de Fisher qui ouvre un magasin avec Tom Ritchey et commercialise sa propre marque. Au tour de ce dernier de voler de ses propres ailes avec l'invention, en 1979, de la fourche « unicrown ». D'autres mécanos en herbe se prennent au jeu. Charlie Cunningham par exemple, qui va construire en 1979 le premier VTT tout alu et surtout imaginer la géométrie du « sloping ». Une révolution dont on ne peut saisir la portée qu'en se retrouvant dans des pentes prononcées : le tube supérieur du cadre est incliné vers le bas au niveau du tube de selle, ce qui favorise la maniabilité, notamment en descente.

En 1987, avec le soutien de Keith Bontrager (pilote de motocross et pionnier dans le développement du VTT), Paul Turner présente le premier vélo tout suspendu au salon de Long Beach ; deux ans plus tard, il commercialisera les premières fourches suspendues (les RS-1 de RockShox). Moins de vibrations, plus de maîtrise : une aubaine pour Greg Herbold qui en profitera en 1990 pour devenir le premier champion du monde de descente !

L'innovation made in France

Le Look 785 Huez RS de Brice Feillu (team Fortuneo-Oscaro) sur le Tour 2017.

1985
Look Cycle

Vous l'ignorez peut-être mais, au bord de la Loire, les châteaux ne sont pas l'unique symbole de l'élite à la française. Dans le sport, Look et Time, deux fleurons industriels nés et ressuscités à Nevers, en sont la preuve. Hiver 1947, c'est en se cassant deux fois la jambe à ski que Jean Beyl, un inventeur de talent, va concevoir les premières fixations de ski. Quatre ans plus tard, il implante sa société Look à Nevers. À l'époque, les skieurs sanglaient leurs spatules avec des lanières. Impossible de déchausser et blessures à la clef en cas de chute. Jean Vuarnet est l'un des premiers à en tirer profit aux JO de Squaw Valley en 1960. Malheureusement, au fil des années, la société a perdu de son éclat, une activité trop saisonnière, et c'est exsangue que, en 1983, elle est rachetée par Bernard Tapie pour 1 franc symbolique.

Méthode musclée, nouvelles ambitions, « Nanard » décapite la direction et optimise son outil de production (licenciements, accords sur le temps de travail). Il cherche aussi de nouveaux débouchés pour son concept de fixations. Trois pistes sont explorées : les étriers des cavaliers, la ceinture de sécurité des automobilistes et le cyclisme. C'est dans ce dernier domaine que Look va se redresser et gagner. Tapie bâtit une équipe pour gagner le Tour et la sponsorise avec ses entreprises. Le matériel Look est à l'honneur : Bernard Hinault remporte le Tour 1985 avec les premières pédales automatiques (les PP65), et Greg LeMond le Tour 1986 sur le KG86, premier cadre en carbone entièrement fabriqué à la main. Gagner le Tour, magnifique coup de projecteur qui positionne Look comme un pionnier (même si le carbone est déjà utilisé dans le peloton par Vitus ou Peugeot, avec notamment le PY10FC sur lequel Robert Millar a conquis la quatrième place du Tour 1984 et dont certains composants ont été façonnés par des sociétés de l'aérospatiale !).

Suite de l'histoire en 1987 : Jean Beyl et Roland Cattin, le fondateur et le DG éconduits, entrent en concurrence frontale et fondent Time, leur propre marque de pédales et de vélos de course.

De son côté, fort de ses succès sur le Tour, Tapie revend Look à un fonds d'investissement pour la modique somme de 260 millions de francs ! Succession difficile, la société replonge et, dix ans plus tard, c'est Dominique Bergin qui la ressuscitera avec une stratégie puissante d'innovations (plus de 10 % du budget annuel en R&D, et 230 brevets). Look va s'affirmer de nouveau comme un fleuron incontesté du Nivernais, leader mondial de la pédale automatique (55 % de parts de marché) et leader européen du cadre en carbone.

1986

Ulrich Schoberer

Le SRM ou la boîte de Pandore

Les vélos Cervélo du team CSC lors d'un stage d'entraînement en janvier 2005. Le SRM PowerMeter est niché au cœur d'un plateau ovoïde qui réduit les temps morts dans le coup de pédale.

Agacés par l'emprise des Sky sur le peloton, lassés par la domination de Froome qui, comme Armstrong au temps de sa splendeur, donne l'impression de ne pas souffrir, de pratiquer un cyclisme inhumain et calculé, les journalistes et les aficionados en sont venus à accuser la technologie. Chris Froome passerait son temps à rouler les yeux rivés sur son compteur. « Faux ! » répond Fred Grappe, le manager de la performance de l'équipe Groupama-FDJ : « Rouler la tête rentrée dans les épaules, c'est son style ! »

Oui, mais il faut reconnaître que les coureurs – c'est ce qui se dit dans le milieu – sont obnubilés par leur « SRM ». Le SRM PowerMeter : un compteur vissé dans le prolongement de la potence qui donne – en plus de la vitesse et de la fréquence cardiaque – la mesure de la puissance développée par le coureur.

« Schoberer Rad Messtechnik » en toutes lettres, technique de mesure à vélo de Schoberer, du nom du fondateur de la société éponyme : une idée d'ingénieur, passionné de cyclisme et bon amateur, qui était tout simplement frustré de ne pas pouvoir mesurer objectivement sa condition physique et de ne pas avoir les clefs pour l'améliorer.

Dans les années 1980, les coureurs travaillaient déjà avec la notion de puissance mais ne pouvaient la mesurer qu'en laboratoire, sur un ergomètre. Or, l'intérêt est de savoir si les performances réalisées à l'entraînement sont reproductibles en course. Alors, au terme de ses études en génie biomédical, Ulrich Schoberer a décidé d'inventer un système de mesure niché dans le pédalier (plus précisément dans l'étoile qui fixe la manivelle au grand plateau) et basé sur le principe des jauges de contrainte (la déformation appliquée par la force de pédalage). Cette donnée, multipliée par la cadence de pédalage, allait donner la puissance en watts.

Schoberer venait-il d'ouvrir la boîte de Pandore d'un cyclisme méthodique et aseptisé ? Greg LeMond l'adoptait et remportait le Tour 1986, Bjarne Riis gagnait l'Amstel Gold Race 1996 avec le SRM au guidon, Marc Madiot faisait le contre-la-montre Gap-Orcières Merlette du Tour 1989 avec le prototype de Look (le MaxOne).

La mode allait mettre quelques années à contaminer le peloton, mais Fred Grappe reconnaît que le SRM a révolutionné son métier : « Les coureurs roulent beaucoup moins et ciblent mieux leurs efforts. Hinault et Merckx n'auraient pas le même palmarès s'ils avaient couru à notre époque ! » Poussant un cran plus loin sa réflexion, il nous glissait à l'oreille que le suivi du profil de puissance d'un coureur pourrait être un excellent indicateur dans la lutte antidopage. À bon entendeur...

1989
Greg
LeMond

À armes (in)égales

Greg LeMond en plein effort durant le contre-la-montre Versailles-Paris, ultime étape du Tour 1989.

« Ah ! mais je vous reconnais : vous êtes celui qui a perdu le Tour pour huit secondes ! – Non, monsieur, je suis celui qui en a gagné deux. » Réflexion rapportée par Fignon dans sa biographie, symbole d'un Tour 1989 imprimé dans la mémoire collective pour le duel homérique que se sont livré Fignon et LeMond. Avec, comme dans tout bon film à suspense, un dénouement spectaculaire dans les ultimes secondes du contre-la-montre Versailles-Paris…

Déjà double vainqueur du Tour (1983 et 1984) et tout juste vainqueur du Giro, Fignon est redevenu le coureur qu'il aimait être, puissant et offensif. Il pense jouer là sa dernière chance de remporter la Grande Boucle. LeMond, vainqueur du Tour 1986, est de retour au top après avoir frôlé la mort à cause d'une blessure de chasse. Prêt à conjurer le mauvais sort… Il faut savoir que, après avoir été porté aux nues par Bernard Tapie (pour la victoire du Tour 1986, il l'avait préféré à Hinault dans le dessein de toucher le marché américain), apprenant que LeMond était « hors service », l'homme d'affaires lui avait notifié son licenciement par la poste. L'envie de revanche, rien de tel pour motiver un sportif de haut niveau…

Ce Tour 1989 sera dans les grandes lignes une lutte sans merci entre un Fignon à l'attaque dans la montagne (vainqueur en jaune à Villard-de-Lans, à trois jours de Paris) et un LeMond dominateur dans les contre-la-montre (victoires à Rennes et sur les Champs-Élysées). L'Américain jouit d'un potentiel physiologique hors normes (une VO_2max de 92,5) qu'il n'a de cesse d'optimiser : avec Look, un cadre carbone et des pédales automatiques ; avec SRM, le premier capteur de puissance embarqué… LeMond essaie tout ce qui peut s'inventer, et le moins que l'on puisse dire, c'est que ça paie ! Dernière découverte en date : un prolongateur positionné sur le guidon. Une idée empruntée au monde du triathlon.

Le matin de la cinquième étape, un contre-la-montre de 73 kilomètres entre Dinard et Rennes, l'Américain part rouler avec son coéquipier Jaanus Kuum. Lui avec un casque fermé et son guidon de triathlète, Kuum sur un vélo plongeant traditionnel, avec ses « cornes de vache ». Leur entraîneur remarque alors qu'à partir de 50 km/h, Kuum ne parvient plus à rester dans la roue de LeMond. Et pour cause, la résistance de l'air augmente de façon exponentielle avec la vitesse. On vous épargne les formules de calcul… Plus profilé, plus aplati, plus regroupé : avec sa position originale pour l'époque (et non réglementaire), les scientifiques estiment que LeMond a réduit de 18 % la résistance de l'air (qui mobilise sur le plat 90 % de la force d'un coureur) et a donc pu consacrer son énergie à rouler plus vite (théoriquement 3,5 km/h sur route parfaitement plane). Sur l'ensemble des 138 kilomètres de chrono de ce Tour, un avantage estimé par Fignon à 2'18''. Huit secondes de trop – 82 mètres au bout de 3 250 kilomètres de course – dont on se souviendra pour l'éternité…

Tour 2013. Conversation au sommet pour Sky, avec Chris Froome et Richie Porte.

1990

Motorola

L'homme qui parlait à l'oreille des coureurs

Pour l'avoir utilisé sur le circuit Bugatti lors de notre participation aux Vingt-Quatre Heures du Mans vélo en 2009 dans le team Père & Fils avec Roger Legeay, il faut reconnaître que ce petit objet de télécommunication niché au creux de l'oreille et maintenu par une bande de *strap* est bien pratique. Ainsi, à l'approche de la fin de notre relais, nous pouvions prévenir notre team que nous allions rentrer au stand…

Les oreillettes (en 1990) comme les prolongateurs de guidon utilisés en triathlon (en 1989, avec Greg LeMond), ont été des innovations introduites par les Américains sur les routes du Tour. Une sorte de mini-révolution industrielle – en caricaturant – apportée par les jeunes loups au milieu d'une bergerie ronronnante, qui ne s'était jamais vraiment remise en question.

À l'époque, pour communiquer avec son « DS » (le directeur sportif), il fallait soit se laisser glisser à l'arrière du peloton, soit attendre le dîner du soir. Dans ce contexte, Motorola, le leader américain de télécoms, sponsor d'une équipe de coureurs aux dents longues (parmi lesquels Sean Yates, George Hincapie et Lance Armstrong) faisait un bond vers le cyclisme du futur…

Bien inspiré, Armstrong en fera bon usage dans le team US Postal bâti autour de lui. En particulier ce fameux jour de juillet 2001 où, au pied de l'Alpe-d'Huez, l'Américain toisa Ullrich du regard avant de décoller telle une fusée vers les étoiles. Un fait d'armes de Lance que nous vous racontons dans *Les 100 Histoires de légende du Tour de France*. Un coup préparé depuis le début de l'étape : Johan Bruyneel avait laissé entendre sur les ondes (parce que les DS s'espionnent mutuellement via les radios d'équipes) que son cosmonaute était asphyxié. Crédule, la Deutsche Telekom avait mis ses soldats « à la planche » pour user et distancer le Texan. En réalité, Armstrong avait dupé tout le monde…

Aujourd'hui, on accuse les oreillettes de tous les maux, et surtout d'aseptiser le Tour de France… Les détracteurs reprochent aux DS de piloter des coureurs robotisés, privés de tout instinct, mais aussi de provoquer des situations de stress à l'approche de zones stratégiques du parcours. L'image de Chris Froome pinçant son maillot en parlant est devenue un gimmick…

Les organisateurs du Tour n'ont pas manqué d'initiatives pour redonner un peu d'authenticité à la course, en 2009 par exemple, en proposant deux étapes sans oreillettes. Mais une fronde des coureurs, pilotée en coulisses par Bruyneel, pétition à la main, dépouillant la dixième étape (Limoges-Issoudun) de tout intérêt sportif, avait obligé ASO à renoncer au second test prévu entre Vittel et Colmar. Fin 2018, le spectacle offert par le Mondial d'Innsbruck disputé sans oreillettes et sur un parcours rarement aussi exigeant (4 670 m de dénivelé positif) a peut-être marqué un point !

The Flying Scotsman et le record de l'heure

1993
Graeme Obree

Graeme Obree lors de son record du monde.

Henri Desgrange, le génial créateur du Tour de France, fut le premier à le posséder, en 1893, et les plus grands – Fausto Coppi, Jacques Anquetil, Eddy Merckx, Bradley Wiggins – l'ont tous un jour conquis. Ce Graal des rouleurs. Le record de l'heure. Un projet préparé en équipe mais un effort terriblement solitaire et douloureux. Lorsqu'en 1972, à Mexico, il avait poussé la marque jusqu'à 49,431 km, Merckx racontait au journal suisse *Le Temps* : « Le pignon fixe, l'absence de freins, la pression énorme dans les virages. On ne peut pas arrêter de pédaler […] en descendant de vélo, je ne pouvais plus marcher. » Merckx était venu chercher à Mexico un air moins dense et donc moins de résistance. Pour supporter la raréfaction de l'oxygène, « le Cannibale » s'était entraîné dans son garage, sur rouleau et avec un masque sur la bouche.

Ce record, l'UCI en a fait une référence quand elle a estimé, en l'an 2000, que les évolutions technologiques avaient complètement dénaturé l'effort et compromis l'équité sportive. Miguel Indurain, Tony Rominger et surtout Chris Boardman, grands rouleurs devant l'éternel, avaient progressivement porté la marque jusqu'à 56,375 km. Le vendredi 6 septembre 1996, l'Anglais poussait à son paroxysme le mariage entre la finesse aérodynamique, la pureté du coup de pédale et la résistance à la douleur…

Boardman enfin vengé, car, deux ans plus tôt, il avait vécu comme un véritable camouflet l'épisode Obree. Alors qu'il avait annoncé sa tentative et s'était entraîné pour cela, il s'était fait voler la vedette par un Écossais inconnu. En marge du Tour 1993, Graeme Obree s'était emparé en catimini du record de l'heure (51,596 km) sur un vélodrome en Norvège qu'il avait loué. Mais c'est un détail qui a défrayé la chronique : sa position atypique sur le vélo ! Comme un skieur utilisant la fameuse « position de l'œuf », le buste sur un guidon de VTT taille enfant, un axe de pédalier étroit tiré de son lave-linge, l'Écossais volant, coureur amateur de niveau national mais futur champion du monde de poursuite, avait imaginé une position qui lui permettait d'économiser 15 % d'énergie (60 watts) grâce à une moindre résistance à l'air !

Hold-up ou coup de génie ? L'exploit fait débat, l'UCI tranche et brise l'œuf d'Obree ! Qu'à cela ne tienne, l'Écossais revient un an plus tard dans la « position de Superman » et reprend son bien à Boardman qui l'avait entre-temps battu ! « The Flying Scotsman » avait volontairement allongé ses prolongateurs de guidon pour s'étirer vers l'avant et fendre le vent… Fin de l'histoire en 2000 quand l'UCI revient au record de Merckx. Chris Boardman, au crépuscule de sa carrière, s'entraînera quatre mois durant sur un vélo traditionnel et battra de 10 mètres le record du Belge !

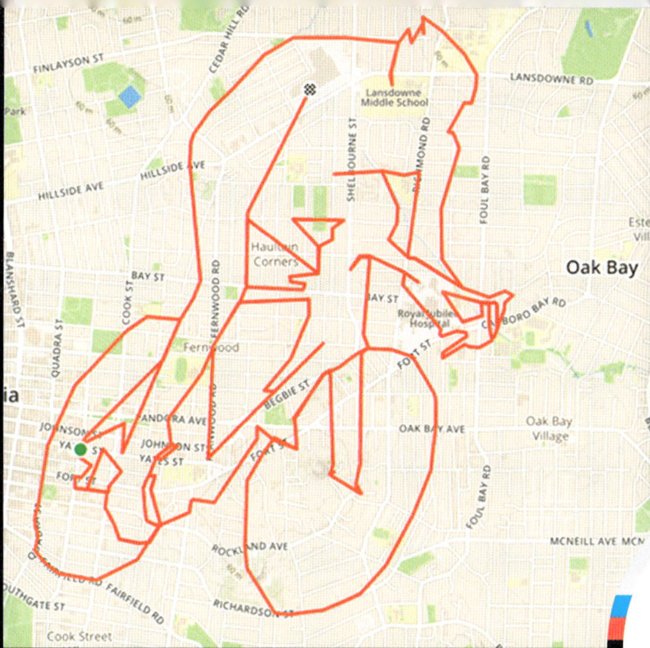

L'ère du sportif social

2009

Strava

Le cycliste canadien Ryder Hesjedal dessiné sur Strava par Stephen Lund avec sa trace GPS dans les rues de Victoria (Colombie-Britannique). Et le requin réalisé par la Française Marine Leleu à pied dans Paris.

Sauriez-vous trouver le point commun entre le coureur canadien Ryder Hesjedal, la Petite Sirène, un T. rex, Dark Vador, un raton laveur, une girafe, une Tortue Ninja, un orque monstrueux du *Seigneur des anneaux* ? À première vue, il n'y en a pas, pourtant le Canadien Stephen Lund les a tous dessinés... à bicyclette ! À pied, quant à elle, un dimanche d'octobre 2018, la Française Marine Leleu, championne d'ultra-endurance, s'est laissée prendre au jeu : 10 h 30' et 50 kilomètres de marche dans les rues de Paris pour dessiner un requin dont l'œil était formé par la place de l'Étoile !

Les GPS doodles, ou l'art de mélanger pop culture et sport par le biais de l'IdO (l'Internet des objets) : 5 % d'inspiration, 95 % de transpiration, le bon dosage de la réussite - *as usual* - pour parachever ces véritables œuvres d'art numériques. Et pour le pinceau : un vélo, un compteur Garmin Edge 800 et l'application Strava !

Strava (en suédois, « s'efforcer, s'acharner à faire quelque chose ») : le réseau social des sportifs créé en 2009 par deux amis, Michael Horvath et Mark Gainey. Des anciens de Harvard (comme Mark Zuckerberg, le fondateur de Facebook). Guidés par l'envie de retrouver l'esprit de camaraderie et de compétition qui les animait au sein l'équipe d'aviron de la prestigieuse université, ils ont inventé une plateforme où les sportifs peuvent partager leurs expériences (tracé, fréquence cardiaque, vitesse...) et ainsi comparer leurs performances.

Car la force de Strava, c'est la comparaison : l'application découpe votre activité en segments et classe vos temps par rapport à ceux des autres utilisateurs. Du professionnel au sportif du dimanche, tout le monde est logé à la même enseigne : pour devenir le KOM (« King of Mountain »), c'est-à-dire le meilleur en haut d'une bosse, d'une côte ou d'un col, il faut se cracher dans les mains !

Avec pour valeurs cardinales la convivialité et l'esprit de compétition - qui sont véritablement l'ADN du sport -, pas étonnant que Strava ait réuni en moins de dix ans plus de trente-six millions de passionnés et continue de grandir à vitesse grand V (plus d'un million de nouveaux utilisateurs tous les trente jours !).

Prisée par le grand public, Strava est également très utile pour les cyclistes pros qui en ont même fait un outil de travail et de communication, à tel point que, sur le Tour 2018, 45 % des coureurs ont partagé leurs étapes sur l'application ! L'occasion, au moins virtuellement, de vous mesurer aux perfs de Froome, Bardet ou Pinot et de découvrir leurs routes d'entraînement ! Une opportunité que n'a pas loupée l'ancien coureur Thierry Gouvenou : traceur du Tour de France depuis 2014, il avouait en 2018 explorer les segments sur Strava pour dessiner des étapes originales et spectaculaires. Le digital comme source d'inspiration... Mais, reconnaissait-il, rien ne remplace complètement la reconnaissance sur le terrain et la vérité de la course !

2011
Cryothérapie corps entier

Coup de froid sur le peloton

Blel Kadri, le grimpeur d'AG2R La Mondiale, en pleine séance de récupération par le froid sur le Critérium du Dauphiné 2011.

« Faire le métier » offre diverses interprétations : certains diront que c'est être consciencieux (bien manger, bien récupérer, se raser les jambes, se faire masser), d'autres diront que c'est être fin tacticien sur le vélo (être bien caché dans les roues, faire le porteur d'eau…), et il y a aussi ceux qui utilisent cette expression pour évoquer à mots couverts les pratiques dopantes.

Après l'étape et ses sollicitations médiatiques, chaque seconde compte pour effacer la fatigue ! D'abord, la douche dans le bus, puis les bas de contention et les jambes en l'air pendant le transfert vers l'hôtel. Enfin, le massage : un coureur passe une heure chaque soir entre les mains de son masseur pour dénouer ses muscles noyés dans les toxines. Certains ajoutent une récupération active, comme l'électrostimulation musculaire.

Autre technique de soin, le froid, un excellent stimulant vasculaire et cardio-respiratoire, avec aussi de formidables effets anti-inflammatoires. La cryothérapie corps entier (CCE), inventée dans les années 1980 pour les malades souffrant de rhumatismes, a été très tôt exploitée en Union soviétique pour la récupération et la préparation des athlètes, notamment lors des Jeux olympiques de Moscou. En France, on préférait les bains de glace, notamment dans le football et le rugby de haut niveau. En 1985, la Weserland-Klinik de Vlotho, en Allemagne, ouvre la première chambre froide. En France, c'est au CERS de Capbreton, le centre européen de rééducation du sportif, qu'ouvre le premier complexe de CCE. L'INSEP lui emboîtera le pas en 2009, année où Fred Grappe, le directeur de la performance du team FDJ, et Gérard Guillaume, le médecin de l'équipe, testent la CCE sur leurs coureurs avant d'expérimenter cette technique de soin en stage et en course sur le Critérium du Dauphiné 2011. Les résultats sont concluants et, un mois plus tard, deux équipes françaises (FDJ et AG2R) embarquent la CCE sur le Tour.

Le coureur entre dans un cylindre vertical de 1,80 m installé dans un camion aménagé, capable de suivre l'équipe dans les villes étapes. Il est plongé dans un froid sec produit par de l'azote liquide qui retourne à l'état gazeux. La séance est courte, trois minutes. Mais, en moins d'une seconde, ce froid intense (entre – 150 °C et – 180 °C) permet de baisser la température de la peau (jusqu'à 7 °C) et du corps (de 0,5 °C). À la clef : purification des toxines, effets antalgique et anti-inflammatoire. Un froid qui stimule la circulation sanguine, améliore le système immunitaire et favorise la réparation des tissus.

Réticents et dubitatifs au début, les coureurs ont vite adopté cette pratique et reconnaissent volontiers qu'ils ont moins mal aux jambes après une séance de CCE !

Héros et aéro : tout s'explique !

Le chercheur belge Bert Blocken et son peloton miniature.

Tous ceux qui ont gagné le Tour un jour vous le diront : la victoire se joue dans les détails… Dans les années 2010, les Sky, pour toucher le ciel, ont fait preuve de beaucoup de créativité à ce sujet, avec notamment le fameux dogme des « gains marginaux » soutenu par Dave Brailsford, le patron de l'équipe. L'aérodynamique, entre autres. On sait que la résistance de l'air peut absorber jusqu'à 90 % de la puissance développée par un cycliste. Et, dans ce domaine, chez les Sky, les idées ont fusé !

Certaines sont osées, comme la position adoptée sur le Tour 2016 par Chris Froome dans la descente du col de Peyresourde pour aller remporter la huitième étape à Bagnères-de-Luchon. Une fois n'est pas coutume, « le Kenyan blanc » a gagné en attaquant dans une descente. Et sa position quelque peu originale (Froome s'était recroquevillé comme un œuf au-dessus du guidon) avait fait jaser dans la presse ! Risqué mais efficace en matière de pénétration dans l'air. Hormis Pantani, qui déplaçait son centre de gravité au-dessus de la roue arrière, personne n'a fait mieux !

D'autres idées sont carrément « borderline » : l'année suivante, à Düsseldorf, lors du contre-la-montre du Grand départ 2017 – 14 kilomètres d'effort à bloc – les Sky ont enfilé une combinaison ultrafine sous laquelle étaient glissées des bandes composées de petites billes d'air. À l'image des combinaisons LZR de Speedo dans la natation en 2008, les vortex de la Sky font scandale. Fred Grappe, le directeur de la performance à la FDJ, affirme, preuve à l'appui, que ces maillots, en réduisant la perturbation aérodynamique à l'arrière du coureur, avaient offert un avantage de 18 à 25 secondes et de 33 watts aux coureurs Sky ! Ces appendices furent proscrits par l'UCI avant le second chrono de ce Tour…

Les gains marginaux ont eu un réel impact sur les résultats de la Sky, tout cela analysé et démontré scientifiquement par Bert Blocken, brillant chercheur à l'université technologique d'Eindhoven. Auteur de nombreuses publications sur les phénomènes aéro à vélo, Blocken est par exemple parvenu à démontrer qu'une voiture dans le sillage d'un coureur lors d'un contre-la-montre de 50 kilomètres pouvait lui faire gagner 1'40" ! En 2018, en modélisant un peloton de 121 coureurs miniatures au cœur d'une gigantesque soufflerie, le physicien a établi, grâce aux mesures collectées par trois milliards de cellules que, au dixième rang du peloton, la résistance de l'air ne représentait que 5 % de celle d'un coureur isolé ! Jusque-là, on pensait que c'était environ un tiers.

En exagérant un peu, ainsi placé, un cyclotouriste pourrait presque rouler avec les pros ! Une zone sans turbulences, où tout le monde veut placer son leader… Des enseignements scientifiques qui expliquent aussi pourquoi, sur les étapes de plaine, le peloton, plus frais, parvient à fondre quasi systématiquement sur les échappés.

53
100

2 HISTOIRE DES COURSES

Le premier 1869 James Moore

31 mai 1868 : les vélocipèdes fendent la foule massée au parc de Saint-Cloud pour assister à la victoire de James Moore sur l'une des toutes premières courses cyclistes.

À chaque invention son âge d'or, ses dates clefs. Pour le vélocipède, sans se tromper, on se souviendra de l'année 1868 ! À Paris, l'Exposition universelle a accueilli en 1867 plus de onze millions de visiteurs, dont le tsar russe Alexandre III, le prince de Bismarck et la reine du Portugal. Et tout le monde s'est intéressé à ce nouvel engin.

Pierre Michaux, le pionnier, s'associe aux frères Olivier et crée de nouveaux ateliers, de nouveaux modèles… Pour être à la mode, il faut avoir son vélocipède et aller rouler au bois de Boulogne, ce poumon vert de Paris, ex-propriété de Napoléon III, que la mairie de Paris a aménagé entre 1853 et 1857.

Énorme succès amplifié par la publicité autour des premières compétitions, comme celle du parc de Saint-Cloud, le 31 mai 1868, qui voit un Anglais, James Moore, gagner justement sur une machine Michaux dont la roue avant était d'une hauteur limitée à 1 mètre. Comme le note Keizo Kobayashi dans sa thèse sur l'histoire du vélocipède, « à l'automne 1869 les ventes commencèrent à baisser. Pour relancer ses affaires, la Compagnie parisienne organisa avec l'appui du journal *Le Vélocipède illustré* la première vraie grande course de fond entre Paris et Rouen. Deux cents inscrits et tous les engins sont admis : bicycle, tricycle, quadricycle et même monocycle ! Le dimanche 7 novembre 1869, cent vingt courageux prennent le départ, le temps est épouvantable : de la pluie, du vent, de la boue et des cailloux parsemés sur les routes et les chemins. »

Ce premier Paris-Rouen, cette première course longue distance sur route est un enfer. Les Britanniques, qui ont donné le surnom de *boneshaker* (« tape-cul ») au velocipède (dont les roues sont cerclées de ferraille), ont bien raison ! À 18 h 10, après 10 h 40' de calvaire, un Anglais surgit à l'entrée de Rouen, devant le bistrot situé en face de l'église Saint-Paul, lieu de l'arrivée : le vainqueur James Moore. 123 kilomètres à la vitesse moyenne de 11,53 km/h ! Un exploit pour ce premier grand champion dont le secret est un vélocipède de son ami Michaux amélioré par Jules-Pierre Suriray et doté, pour la première fois, de roulements à billes.

Mille francs de récompense pour Moore, le grand vainqueur, des fleurs et des médailles pour les trente-quatre *finishers* qui ont réussi à terminer en moins de vingt-quatre heures et une mention particulière pour « Miss America » (un pseudonyme évidemment, car les femmes étaient à peine tolérées dans les compétitions de l'époque !), qui, en terminant dans les délais, recevra une médaille de bronze et la modique somme de 100 francs. En 1969, à 90 ans, James Moore, comme un jeune homme, posera fièrement pour l'affiche du centenaire de cette course historique.

1896
Paul
Masson

À gauche, Paul Masson.
À droite, Léon Flameng.

Du vélodrome au palindrome

« Tout ce qui brille n'est pas or », un proverbe attribué à Ésope (poète antique grec) et repris à leur tour par le moine Alain de Lille en 1175 (à qui l'on reconnaît aussi la paternité de l'expression « Tous les chemins mènent à Rome ») puis William Shakespeare dans *Le Marchand de Venise*, une comédie écrite entre 1596 et 1597. Cette phrase qui, d'ordinaire, conseille de se méfier des apparences, mais dont le sens littéral conviendrait parfaitement pour décrire les récompenses des premiers Jeux olympiques modernes, organisés à Athènes en 1896. Car les médailles offertes aux vainqueurs n'étaient pas d'or mais d'argent ! Un portrait de Zeus sur l'avers, une représentation de l'Acropole et du Parthénon sur le revers. Médailles accompagnées d'un rameau d'olivier et d'un diplôme. Les deuxièmes étaient quant à eux récompensés par une médaille de cuivre et une couronne de lauriers. L'or fera son apparition aux Jeux de Saint-Louis en 1904.

Le rameau, coupé par un adolescent avec une faucille en or dans un olivier sauvage sacré d'Olympie, était un hommage très explicite aux Jeux antiques. À l'époque, la cérémonie de remise des prix avait lieu le dernier jour dans le vestibule surélevé du temple de Zeus. Le héraut annonçait le nom du vainqueur olympique (l'olympionique) ainsi que celui de son père et de sa cité ; ensuite, l'hellanodice (le juge sportif dans les Jeux antiques) ceignait la tête du vainqueur d'une couronne d'olivier (le *kotinos*) qui assurait, selon la croyance, une protection divine.

C'est donc pour la gloire et « l'argent » que les Français sont partis à Athènes. Une délégation de treize athlètes qui a remporté cinq titres, dont quatre rien qu'en cyclisme sur piste au vélodrome de Neo Faliro, grâce d'abord à Léon Flameng, premier champion olympique de l'histoire du cyclisme, vainqueur le premier jour des Jeux du 100 kilomètres en 3 h 8'. Une course qui a connu un gros écrémage : dix coureurs au départ et seulement deux à l'arrivée ! Flameng finira avec quatorze tours d'avance sur son adversaire.

Autre artisan des victoires tricolores, Paul Masson, qui a gagné à lui seul trois des six courses au programme : l'épreuve de vitesse, le kilomètre et le 10 kilomètres ! En une seule participation, Masson s'est construit un palmarès olympique unique ; il est d'ailleurs, avec Roger Ducret, Jean-Claude Killy et Martin Fourcade, l'un des rares Français à avoir remporté trois titres au cours des mêmes Jeux.

De retour d'Athènes, pour gagner sa vie, le Français décide de tenter quelques courses professionnelles. Il ajoutera ainsi une autre ligne à son palmarès avec une belle troisième place aux championnats du monde sur piste 1897. L'amateurisme faisant partie de l'ADN de l'olympisme à l'époque, Masson avait décidé de courir chez les pros sous le nom de Paul Nossam, espérant ainsi berner les instances olympiques. Du vélodrome au palindrome...

1898
Charlie Miller

Le Madison Square Garden (New York), photographié en 1908.

L'ultime forçat du Garden

« Une compétition sportive dans laquelle les participants perdent la tête et s'échinent jusqu'à ce que la torture déforme leurs visages ne constitue pas un sport. C'est de la brutalité. Des jours et des semaines de récupération seront nécessaires pour mettre les coureurs du Garden sur pied, et il est probable que certains d'entre eux ne se rétablissent jamais de cet effort. » Voici, traduit dans la langue de Molière, un extrait de l'édito publié le 11 décembre 1897 dans les colonnes du *New York Times*. Une attaque en règle dirigée contre les Six-Jours du Madison Square Garden.

Les Six-Jours, une discipline d'endurance sur piste, inventée en 1878 au Royaume-Uni à la suite d'un pari un peu fou : l'un des premiers coureurs professionnels de l'époque, David Stanton, avait affirmé qu'il pouvait courir 1000 miles en roulant 18 heures par jour pendant six jours consécutifs. Un défi organisé au Royal Agricultural Hall de Londres, une prime de 100 livres sterling et un exploit de Stanton qui boucle (sur un grand bi) la distance à 21,72 km/h de moyenne, en seulement 73 heures !

C'est à partir de 1891, à New York, que les courses de six jours prennent leur essor avec comme écrin le mythique Madison Square Garden. Avant d'être le parquet des New York Knicks (basket), le « Garden » fut un vélodrome. Des travaux financés en 1890 par deux hommes dont les familles ont eu une énorme influence sur l'histoire de New York : William Waldorf Astor tout d'abord, patron de presse, propriétaire de l'hôtel Waldorf Astoria (à l'époque le plus grand du monde) et descendant de John Jacob Astor (roi de la fourrure, devenu riche propriétaire immobilier à Manhattan en faisant main basse sur une grande zone au sud de Central Park). Le second, William Henry Vanderbilt, l'un des treize enfants de Cornelius Vanderbilt (magnat des chemins de fer américains), propriétaire du système des transports publics de New York.

Le vainqueur de la première course dans le « Garden » est l'Américain Bill « Plugger » Martin, qui parcourt 2 360 kilomètres en 142 heures. En 1893, avec la popularisation de la « bicyclette de sécurité », qui offre l'avantage d'une position plus profilée, les coureurs ont le choix de leur monture. Avant la mi-course, tous renonceront définitivement au grand bi ! D'année en année, les distances s'allongent, les coureurs se reposent de moins en moins, leur entêtement les envoie même à l'hôpital…

L'édition 1898 sera la dernière en solitaire avant que les organisateurs, interdisant de rouler plus de 12 heures d'affilée, ne basculent à partir de 1899 sur une formule de relais en duo. L'ultime forçat du Garden, Charlie Miller, aura réussi l'exploit hallucinant de ne s'offrir que 15 heures de repos (dont seulement 9,5 pour dormir) pour parcourir la distance de 3 360 kilomètres (presque un Tour de France moderne) ! Miller, frais comme un gardon malgré cet exploit herculéen, avait une avance si conséquente qu'il s'était même permis de quitter la piste avant la fin des Six-Jours pour… aller se marier ! Nul ne sait aujourd'hui si sa nuit de noces au Waldorf Astoria a été de tout repos !

1903
Géo Lefèvre et Henri Desgrange

Le Tour, héritage de l'affaire Dreyfus

Ultime étape d'un périple marathon : l'arrivée du premier Tour de France à Ville-d'Avray.

Le Tour de France est né à cause de l'affaire Dreyfus. Évidemment, écrit comme cela, cela peut étonner, et pourtant c'est la stricte vérité que nous allons vous raconter en détail.

Nous sommes au début du XXe siècle, malgré des critiques et des polémiques extrêmement violentes, un homme, plus que tous les autres, croit au développement du cyclisme : Pierre Giffard, le chef des informations du *Petit Journal*. En 1891, il se fait remarquer en organisant une compétition de folie : Paris-Brest-Paris, 1200 kilomètres ! Grâce à Giffard et à son journal, Charles Terront, le vainqueur, devient une énorme vedette, et le nombre des lecteurs augmente à toute allure.

Giffard crée alors une nouvelle publication, imprimée sur du papier couleur « verre d'eau » : *Le Vélo*. Mais, comme le raconte Roger Bastide dans *Les Légendaires* (éditions Maison du sport), il va commettre une double faute. D'abord, il ne soutient pas le principal actionnaire de son nouveau journal, le comte de Dion, qui s'en est pris publiquement à Émile Loubet, le président de la République, un jour aux courses. Mais, surtout, Giffard, passionné de vélo et grand honnête homme, a pris parti pour le fameux capitaine Dreyfus. Pour lui comme pour Zola, Dreyfus n'est pas un traître qui aurait livré des secrets militaires aux Allemands, il est innocent !

Le comte de Dion pense le contraire. Il retire ses capitaux du journal *Le Vélo* et manœuvre en coulisses pour la création d'une publication concurrente, *L'Auto-Vélo*, qui sortira des rotatives sur un papier jaune, pour mieux l'identifier. La guerre entre le vert et le jaune est sans merci. Dreyfusards et antidreyfusards. Pierre Giffard face à Henri Desgrange, un ancien cycliste, recordman de l'heure en 1893, devenu journaliste.

Pour augmenter le nombre de leurs lecteurs, les deux journaux organisent de grandes courses cyclistes. Recette connue : des champions, des rebondissements, du suspense = curiosité et ventes qui grimpent en flèche !

En novembre 1902, Desgrange va réussir tout simplement un coup de génie en écoutant l'idée folle de son collaborateur Géo Lefèvre, énoncée au cours d'un déjeuner chez Zimmer, faubourg Montmartre : « Mieux que Paris-Brest-Paris [1891], mieux que Bordeaux-Paris [1891], mieux que Paris-Roubaix [1896], si on faisait le Tour de France ? »

Desgrange hésite puis accepte. Ainsi, le 1er juillet 1903, le journal *L'Auto* permet à soixante coureurs au départ de Montgeron de se lancer dans la première édition d'un Tour de France qui va vite devenir la plus belle et la plus grande course à étapes du monde. Henri Desgrange écrit ce jour-là sous le titre « La semence » : « *L'Auto*, journal d'idées et d'actions, va lancer à travers la France les inconscients et rudes semeurs d'énergie que sont les grands routiers professionnels. »

À Ville-d'Avray, dix-neuf jours plus tard, Maurice Garin, le vainqueur, entrera dans l'histoire.

Vous êtes des assassins !

1910
Octave Lapize

Octave Lapize à pied dans le col du Tourmalet (Tour 1910).

« Vous êtes des assassins », il n'a pas mâché ses mots, « le Frisé »... Nous ne sommes pas dans un film de Michel Audiard, avec Lino Ventura, Bernard Blier et Francis Blanche, mais bien dans la réalité ! « Le Frisé », c'est le surnom d'Octave Lapize, un formidable jeune coureur de 23 ans qui, avant de mourir au combat lors de la Première Guerre mondiale, remportera trois Paris-Roubaix, trois Paris-Bruxelles, trois championnats de France et le Tour de France 1910 ! Avec en particulier cette étape du 21 juillet, 326 kilomètres entre Luchon et Bayonne, où le peloton, en pignon fixe et avec seulement deux vitesses, découvre la très haute montagne...

Après un départ à 4 heures du matin, les coureurs doivent avaler les cols de Peyresourde (1569 m), d'Aspin (1489 m), du Tourmalet (2115 m) et d'Aubisque (1909 m). Les héros du Tour face aux géants des Pyrénées. Gustave Garrigou réussit le premier le grand exploit de gravir le Tourmalet sans mettre pied à terre et, pour cela, il empochera une prime de 100 francs-or !

Mais Octave Lapize, ce jour-là, a des jambes de feu, en jargon cycliste on dit qu'il « voltige ». Avantagé par son petit gabarit, il va gagner cette étape historique et marquer des points précieux qui lui permettront de devancer son grand rival cette année-là, le colosse luxembourgeois François Faber.

Les « assassins » en question ? Alphonse Steinès (qui a eu l'idée) et Henri Desgrange (qui l'a entérinée). Pourtant, le fondateur du Tour a longtemps considéré la haute montagne comme de la « pure folie ». Steinès lui proposa d'aller lui-même tester le parcours et il partit le 17 janvier, alors qu'à cette période de l'hiver les cols sont recouverts de trois à quatre mètres de neige... Déjà dur à conquérir en été, le Tourmalet se refuse à Steinès. L'assistant de Desgrange à *L'Auto* est obligé de laisser sa voiture à 4 kilomètres du col et décide de finir à pied dans la nuit ! Son chauffeur, sentant le danger, décide de prévenir le siège du journal pour qu'on lance des secours à sa recherche. À juste titre : Steinès s'est perdu et sera retrouvé au fond d'un ravin, au bord de l'hypothermie... Un bain chaud, de la nourriture, un peu de sommeil et, le lendemain, l'explorateur envoie un télégramme au journal : « Passé Tourmalet. Très bonne route. Parfaitement praticable. Steinès. »

La machine est lancée, l'organisation du Tour et le gouvernement envoient des fonds dans les Pyrénées pour faire paver les routes. Côté coureurs, la perspective des cols décourage vingt-six des cent trente-six inscrits. Grâce au petit mensonge de Steinès, le Tour essaie et adopte définitivement la haute montagne avec par bonheur, depuis, chaque année, un magnifique spectacle sportif et naturel !

1913

Six-Jours

Grandeur et décadence du Vél d'Hiv

Photo d'une course de 1947 sur la piste du Vél d'Hiv.

Beaucoup d'entre nous associent le Vél d'Hiv à la « rafle » opérée les 16 et 17 juillet 1942 par la police française visant treize mille Juifs arrêtés dans les rues de Paris. Entreposés dans des conditions abominables dans l'enceinte du vélodrome puis déportés au camp d'Auschwitz-Birkenau. En réalité, le Vél d'Hiv était de ces lieux de sport et de fête qui avaient une capacité unique à fédérer.

L'idée d'un vélodrome couvert était un projet d'Henri Desgrange qui, en 1903, avait à la fois créé le Tour de France et fait installer une piste en bois dans la gigantesque Galerie des machines, une halle de fer et de verre, 400 mètres de longueur par 45 de hauteur, construite en travers du Champ-de-Mars pour l'Exposition universelle de 1889. Vingt ans de bons et loyaux services, après quoi la galerie fut rasée pour dégager la perspective vers la tour Eiffel.

Desgrange fit alors édifier un nouveau complexe à l'intersection du boulevard de Grenelle et de la rue Nélaton. Le Vél d'Hiv était né, et le succès fulgurant des Six-Jours de Paris (organisés à partir de 1913 par Bob Desmarets) allait lui donner raison d'avoir persévéré…

Le temps de six jours et six nuits, le Vél d'Hiv devenait une véritable ruche où se côtoyait le Tout-Paris : « En bas, c'était champagne-caviar ; en haut, vin du postillon-boîtes de sardines », raconte André Pousse, comédien et ancien pistard, qui fut une année assisté par Alain Delon (!). « L'ambiance des Six-Jours au Vél d'Hiv, c'était quelque chose, poursuit-il, sous la lumière des lampes à arc, les sprints, les chasses se succédaient au son de l'accordéon qui sortait des haut-parleurs tandis que la foule hurlait dans les tribunes pleines à craquer. Près de vingt mille personnes venaient avec des saucissons, des camemberts et du gros rouge… Des couples emmenaient même les mômes et leurs pots de chambre. »

À partir de 1926, une « Reine des Six-Jours » donnait le départ des courses. Édith Piaf, Yvette Horner, Annie Cordy ont fait partie des élues ! Montand aura même à son répertoire une chanson à la gloire du Vél d'Hiv ! En 1931, le promoteur américain Jeff Dickson transforma le site en Palais des sports, le Vél d'Hiv accueillit alors des matchs de basket, du tennis, du catch, de l'équitation, du patinage et quelques combats mythiques de Marcel Cerdan.

Avec le temps, va tout s'en va, la passion des foules pour la piste aussi… Après la guerre, en 1959, la volonté politique de transformer le quartier de Grenelle provoqua la fermeture définitive de l'enceinte. Il aura fallu attendre vingt-cinq ans et le projet de réhabilitation des quartiers de Bercy pour ressusciter la course dans le tout nouveau Palais omnisports. Une renaissance écourtée au bout de sept éditions par la désaffection du public parisien. Autre époque, autres mœurs…

Le premier Maillot jaune

Eugène Christophe
et le bouquet du vainqueur.

1919
Eugène
Christophe

Le dimanche 29 juin 1919, le Tour de France redémarre. La Grande Guerre est terminée, avec l'épouvantable bilan que l'on connaît (plus de neuf millions de morts). Le sport va reprendre sa place. « C'est la France de demain, osseuse, énergique, volontaire et saine qui commence la plus belle des croisades qui va semer sur sa route, par des gestes puissants et gracieux, la bonne parole sportive », écrit Henri Desgrange dans le journal *L'Auto*.

Le Tour, oui, mais il manque quelque chose. Alphonse Baugé, grand directeur sportif reconnu et respecté, le fait remarquer au patron Henri Desgrange : il manque un maillot distinctif pour le premier du classement général. Jaune, propose Baugé, qui avait déjà imposé cette couleur aux ravitailleurs et aux soigneurs pour mieux les distinguer au milieu du public. Jaune, comme la couleur du journal *L'Auto*, organisateur de la course.

Henri Desgrange a quelques défauts, mais il a une grande qualité, il sait écouter, surtout lorsque les idées sont bonnes. Il accepte et commande des maillots jaunes à Paris. Ils arrivent le jeudi 17 juillet 1919 à Grenoble, et Desgrange, fier de cette invention, remettra au Français Eugène Christophe le premier maillot jaune de l'histoire du Tour. « Aucun coureur ne le mérite mieux que lui », dira-t-il lors de la petite cérémonie organisée au Café de l'Ascenseur pour ce grand moment. Pour sa part, Philippe Thys, premier triple vainqueur du Tour, a raconté un jour qu'on lui avait donné un maillot jaune en 1913. Aucune photo ni aucun témoignage ne l'ont jamais prouvé.

Foule en délire le dimanche 27 juillet au Parc des Princes pour accueillir les onze rescapés de ce treizième Tour de France. Onze rescapés seulement, record battu, et dix coureurs classés finalement, car Paul Duboc sera mis hors course pour avoir été aidé par un automobiliste.

Parmi ces quelques survivants, un héros acclamé comme jamais par les spectateurs du Tour : Eugène Christophe le malchanceux, qui bénéficiera d'une souscription et empochera une somme d'argent dont on dit qu'elle fut plus importante que la bourse du vainqueur de ce Tour épique.

1930
Henri Desgrange

Le Tour passe aux équipes nationales

L'équipe de France à l'arrivée de la seizième étape du Tour 1930. De gauche à droite : Marcel Bidot, Pierre Magne, Antonin Magne, André Leducq et Charles Pélissier.

Année 1930. Révolution commerciale, avec les grands débuts de la caravane publicitaire. Révolution sportive surtout, pour le vingt-quatrième Tour de France. On connaît maintenant le caractère et la personnalité d'Henri Desgrange : homme de décision, capable d'écouter et de suivre les idées de génie de ses collaborateurs ou de ses proches, le patron du Tour est aussi réputé pour ses colères froides ou démonstratives ainsi que pour ses prises de position… tranchantes.

À la fin de l'année 1929, Desgrange, analysant les dernières éditions du Tour, en a assez : il ne supporte plus les arrangements, sans parler des tricheries pratiquées par les équipes commerciales. L'intérêt de la course s'est érodé et les ventes du journal *L'Auto* suivent la même trajectoire…

L'équipe Alcyon est en particulier dans le collimateur du père fondateur. Aidé par ses coéquipiers mais aussi par ses adversaires à qui l'on a promis des dédommagements, Maurice De Waele, « le Moribond » comme l'a surnommé Desgrange, a gagné le Tour 1929.

Le télégramme de Pampelune n'a rien arrangé, au contraire. Jacques Augendre l'explique parfaitement dans ses *100 Tours de légende*. Ludovic Feuillet, le patron d'Alcyon, n'a pas supporté que Desgrange descende son chef de file. Au Tour du Pays basque, alors que Marcel Bidot est en passe de gagner, il envoie une dépêche : « Ordre : faire gagner De Waele. » Le Belge l'emporte. « Vous avez le bonjour du moribond ! »

Desgrange, furieux, réunit ses collaborateurs et décide : « Pour le Tour 1930, on instaure des équipes nationales. Cinq fois huit coureurs avec les maillots de leur pays, et on fournit les vélos ! Jaunes ! Plus de marques ! » Le Tour de France paiera les logements, la nourriture et les primes pour les coureurs, les mécaniciens, les masseurs et les directeurs sportifs ! Et, pour financer son projet, le père fondateur et visionnaire Desgrange invite les marques sur les routes de France et leur offre ce formidable espace d'exposition au sein de ce qui va devenir la « caravane publicitaire ».

« Je veux bien donner des sous, mais on passe devant », propose le bien inspiré Paul Thévenin, patron de la publicité des chocolats Menier. Tope là ! disent Desgrange et Desmarets (chef de publicité de *L'Auto*). Accord gagnant-gagnant et, des décennies plus tard, le modèle inventé en 1930 marche encore, avec douze à quinze millions de spectateurs qui se massent au bord des routes, en grande partie pour le spectacle et les cadeaux des grandes marques.

Et, comme souvent, les circonstances donneront raison à Desgrange : d'abord, le Français Charles Pélissier gagne huit étapes, dont la première (en devançant au sprint, à Caen, le favori italien – déjà vedette – Alfredo Binda) et la dernière, le dimanche 27 juillet. Surtout, depuis 1923 et Henri Pélissier, aucun Français n'avait réussi à gagner le Tour. En 1930, un Tricolore (avec son splendide maillot d'équipe nationale) l'emporte : André Leducq. « Dédé » triomphe dans un Parc des Princes en délire.

Le premier contre-la-montre

27 juillet 1934. Antonin Magne prend le départ du premier chrono de l'histoire du Tour de France.

L'obsession d'Henri Desgrange était d'avoir une course en perpétuel mouvement, les lecteurs de son journal étant friands de rebondissements. En 1927, il avait instauré les départs par équipes, lancées à quinze minutes d'intervalle. Puis, pour briser la monotonie de la « randonnée » vers Paris (après les derniers cols, les places sont souvent figées, et les coureurs brident la compétition), le charismatique patron de l'épreuve a introduit, sur le Tour 1934, le premier contre-la-montre individuel.

Desgrange a la volonté d'animer la course et, si possible, de provoquer des retournements de situation au classement général après vingt et une étapes et demie. Pourquoi « et demie »? Parce que ce contre-la-montre est une demi-étape, la deuxième de la journée après une épreuve en ligne de 81 kilomètres entre La Rochelle et La-Roche-sur-Yon, remportée au sprint par René Le Grevès. Pas le temps de respirer pour le pauvre Antonio Folco, trente-neuvième et lanterne rouge : il est le premier à prendre le départ du contre-la-montre, à peine cinq minutes après être arrivé!

Devant l'épineux problème de l'ordre de départ, les organisateurs ont décidé de commencer par les coureurs classés aux places impaires. Ils s'élancent par intervalles de deux minutes dans le sens inverse du classement. Antonin Magne, Maillot jaune depuis la deuxième étape, part donc vingtième. Il doit s'arrêter à Thouaré-sur-Loire pour signer la feuille du contrôle fixe et gagne à Nantes au terme d'un effort long de 2 h 32'05'' (90 km). « Tonin » devance de 1'06'' Roger Lapébie, resté placide malgré une crevaison.

Preuve que Desgrange avait raison, Lapébie bouscule le classement et chipe la troisième place du Tour à René Vietto, qui a perdu plus d'une minute par kilomètre sur Magne! Depuis cette première, cette épreuve à la veille de Paris est devenue une valeur sûre pour le suspense : le Maillot jaune changera d'épaule plus d'une fois!

La piste... au pays du Soleil-Levant

1948
Keirin

Championnats du monde sur piste 2015 : alignés derrière un Derny, les coureurs accélèrent progressivement jusqu'à 45 km/h.

Les Japonais adorent le keirin, et ils ont bien raison, car c'est l'une des compétitions cyclistes sur piste les plus spectaculaires. Inventé au Japon juste après la guerre, le keirin (*kei* : « concours » ; *rin* : « roue ») est une course de 2 kilomètres. Les concurrents (6 ou 9) roulent d'abord derrière une petite moto en file indienne, à une allure modérée imposée par l'engin (35 km/h). La vitesse augmente, passe à 45 km/h puis la moto s'écarte et la course est lancée. Deux tours encore pour un sprint final qui détermine le vainqueur.

Compétition extrêmement spectaculaire, à la fois tactique et technique, le keirin demande d'abord de bien se placer dans le petit peloton entraîné par la motocyclette, pour ne pas se laisser distancer. Ensuite il faut aimer les sprints longs, en sachant se faufiler, jouer des coudes. Et cela « frotte », selon le langage des coureurs ! Sans parler des accrochages provoquant des chutes parfois dramatiques, car la vitesse dans les derniers tours atteint souvent les 60 km/h.

Au Japon, le keirin est vite devenu, à l'instar du judo et du sumo, un vrai sport national. Les courses très nombreuses sont l'objet de paris officiels, comme le PMU chez nous. Les coureurs sont souvent des professionnels sortant d'écoles de keirin et grassement rémunérés. Ils gagnent tellement bien leur vie d'ailleurs que, pendant longtemps, ils n'ont jamais quitté leur pays pour venir se frotter aux coureurs européens et américains.

En revanche, une tradition veut qu'ils acceptent en stage des étrangers pendant deux mois. Un mois de préparation et un mois de courses. La jeune Française Mathilde Gros, qui en a bénéficié en 2018, ne peut pas le regretter, car elle est devenue en août de la même année championne d'Europe du keirin en battant la championne du monde, la Belge Nicky Degrendele.

Créé en 1948, le keirin a été admis aux championnats du monde en 1980 pour les hommes et en 2002 pour les femmes. Si l'Allemand Michael Hübner détient toujours le record de titres mondiaux (4), il faut retenir les excellents résultats des Français Frédéric Magné, trois fois champion du monde, et Clara Sanchez, deux titres mondiaux (en 2004 et en 2005). En revanche, assez incroyable du côté japonais, un seul coureur a gagné le titre suprême : Harumi Honda (en 1987) ! Koichi Nakano, la plus grande vedette du cyclisme sur piste nippon, ne l'a jamais remporté !

Sport spectaculaire mais sport à risque hélas : Kristina Vogel, l'Allemande triple championne du monde (en 2014, 2017 et 2018) en est une des victimes. En juin 2018, une violente chute sur la piste de Cottbus l'a laissée handicapée à vie...

Télé Tour

1948
Pierre Sabbagh

Tour 1951. Échappé entre Gand et le Tréport, Abdelkader Zaaf est suivi de près par une caméra de télévision.

Le Tour de France à la télévision est sans aucun doute l'un des plus merveilleux spectacles de sport. Tous les ingrédients sont réunis pour faire de ces retransmissions un événement unique au monde. Le direct d'abord, partout et par tous les temps, le décor ensuite, on découvre une France vue du ciel comme jamais, et enfin le suspense d'une compétition à rebondissements.

Pour avoir eu le bonheur et même le privilège de suivre et de présenter la Grande Boucle pendant près de trente ans, je peux vous assurer que la performance extraordinaire que réalisent chaque année en juillet les équipes de France Télévisions, pratiquement sans aucun incident technique, c'est du grand art !

Que de progrès accomplis depuis le premier direct sur cette course mythique, le dimanche 25 juillet 1948 ! Pierre Sabbagh, pionniers parmi les pionniers, a installé ses caméras de la radiodiffusion française au Parc des Princes pour l'arrivée de la dernière étape de la Grande Boucle. Gino Bartali qui a gagné sept étapes cette année-là, ne réussit pas à s'imposer à Paris mais remporte tout de même son deuxième Tour de France, dix ans après le premier. En direct donc, Giovanni Corrieri, un autre Italien, franchit la ligne le premier. Les commentaires de Jacques Sallebert - grand journaliste de l'époque - ponctuent l'événement : « Le sport vient d'entrer de plain-pied à la télévision ! »

Reportage sur le départ du Tour encore un an après, le 29 juin 1949, lors du premier journal télévisé tout en images, sans présentateur et presque sans téléspectateurs, car seulement 1 % des foyers est alors équipé d'un téléviseur ! Comme les journaux du début du XXe siècle avaient compris l'appétit de leurs lecteurs pour les grands récits des courses cyclistes, écrits comme de grandes épopées modernes, la télévision des années 1950 va prendre le relais en montrant toutes les facettes de ces compétitions : des victoires aux drames, des exploits aux échecs et aux tricheries. Reportage en film d'abord, avec une course contre la montre formidable d'ingéniosité pour tourner, développer et rapatrier les images pour le résumé du soir. Moto, auto, train ou avion : tous les moyens sont bons pour rapporter les images à Paris !

D'année en année, les évolutions iront en s'accélérant : caméra plus légère et plus maniable sur une moto, antenne installée sur des promontoires, boule wescam (caméra gyroscopique) fixée sous les spatules des hélicoptères, avion relais...

Tour 2017. L'hélicoptère et ses deux caméras au-dessus du peloton.

L'Eurovision arrive en 1962, puis les vrais grands directs, sous la houlette de Georges de Caunes, sont retransmis à partir de 1967, avec la voix du très célèbre Léon Zitrone.

Mais celui qui va incarner à jamais le cyclisme à la télévision est Robert Chapatte. D'abord coureur sur piste, avec quelques victoires dans des courses de six jours, mais aussi sur la route avec cinq participations au Tour de France, Chapatte sera d'ailleurs en 1949 le premier cycliste interviewé à la télévision française ! Un signe prémonitoire pour Robert, qui devient journaliste sportif à la télévision en 1960. Créateur de *Stade 2* mais surtout expert en commentaire du cyclisme, il a marqué de son talent l'histoire du sport à la télévision, entraînant dans son sillage de brillants journalistes comme Jean-Paul Ollivier, Patrick Chêne ou Christian Prudhomme.

Nouvelle performance télévisuelle le 11 juillet 1990 (rééditée chaque année depuis) : l'étape entre Saint-Gervais et l'Alpe-d'Huez est la première à être retransmise en continu. Cinq heures de spectacle au cœur de l'action !

Aujourd'hui, le dispositif technique est absolument impressionnant. Jean-Maurice Ooghe, le réalisateur, dirige cinq motos caméra et deux motos son, relayées par quatre hélicoptères et deux avions. Des dizaines de caméras placées dans les endroits stratégiques, dont l'arrivée, évidemment, où une caméra filme à dix mille images par seconde pour la photo-finish. Et désormais aussi des minicaméras fixées sous la selle des coureurs ! Un dispositif qui mobilise cinq cents personnes au quotidien pour permettre ces retransmissions diffusées par satellite dans cent quatre-vingt-dix pays, et l'exploit, c'est de démonter toute cette technique le soir après l'arrivée des coureurs pour enchaîner sur l'étape du lendemain.

Trois semaines d'images uniques, trois semaines d'une fête nationale digne d'un 14 juillet et un prix, quand même, pour obtenir les droits de retransmission du Tour : France Télévisions verse chaque année près de 25 millions d'euros à ASO.

1954
Antoine Blondin

Bourré de talent

Antoine Blondin (à gauche, avec un maillot du rugbyman Guy Boniface) en compagnie de Jacques Anquetil (Tour 1963).

« Bourré de talent » : l'expression de Jacques Augendre, en trois mots, vaut tous les portraits du monde, et Antoine Blondin, avec son humour et son sens du raccourci légendaire, n'aurait rien eu à renier ! Comment écrire sur celui qui a le mieux écrit sur le cyclisme et le Tour de France ? Le respect naturel que nous devons à Antoine Blondin oblige à poser la plume et à relire du Blondin dans le texte et parfois les témoignages de ses meilleurs amis, dont Jacques Augendre dans *Un singe en été* (éditions *L'Équipe*), qui le cite ainsi : « Le Tour de France constitue l'un des plus magnifiques voyages organisés dont on puisse rêver… Le Tour c'est la fête et les jambes. Il a fait couler beaucoup d'encre, beaucoup de sueur aussi. Ainsi permet-il à l'homme de tous les jours de mêler ses humeurs les plus capricieuses et ses appétits les plus aventureux. »

Blondin écrivain, Blondin journaliste, ces mots et ces images sublimes que l'on retrouvera dans ses principaux romans, *L'Europe buissonnière* (1949), *Monsieur Jadis ou l'école du soir* (1970) et *Un singe en hiver*, prix Interallié 1959. Blondin leur donnera une dimension nouvelle avec ses 524 chroniques du Tour de France (écrites de 1954 à 1982, au fil de 27 éditions qu'il a suivies), que Stéphanie Rysman a eu la bonne idée de regrouper avec les éditions de La Table ronde…

Bien calé dans les sièges de la voiture n° 101 du journal *L'Équipe*, il confessait : « Mon pays c'est désormais le Tour de France, il m'a introduit dans une certaine forme de compagnonnage. » Ajoutant : « Dans le Tour il y a tout, et le Tour m'a tout donné. » Alors, le soir après l'étape, Antoine Blondin, avec une écriture toute ronde, presque enfantine, faisait revivre aux lecteurs du quotidien sportif sa course. Son cri de ralliement : « Maintenant au goulot ! », car personne ne l'ignore, Blondin buvait, il ne s'en cachait guère. Lui qui avait un faible pour le jaune (le Pastis 51), qu'il commandait toujours en double (« Un 102 s'il vous plaît ! »), commentait avec humour : « Au quinzième muscadet, il fait toujours beau quelque part ! » Antoine le facétieux qui n'hésitait pas à inscrire sur ses notes de frais : « Verres de contact » !

Le champion des calembours bien ajustés régalait des millions de lecteurs avec ses « légende des cycles », « le jour du soigneur », « le col tue lentement » ou « l'art d'être grimpeur ». « Ne pas oublier qu'on écrit avec un dictionnaire et une corbeille à papiers, tout le reste n'est que litres et ratures. »

Jean Cormier, son ami, et Symbad de Lassus, son petit-fils, lui rendant hommage dans le livre *Antoine Blondin : légende du Tour* (éditions du Rocher), se souviennent qu'il déclamait : « Je préfère le maillot jaune à l'habit vert ! » ou « L'argent liquide est fait pour être bu ! »

Le merveilleux Antoine Blondin, disparu le 7 juin 1991, avait l'habitude de répéter : « L'amitié ou l'amour des autres aura été mon manteau et ma maison. »

Arenberg ou la guerre de tranchée

Paris-Roubaix 1968 : pluie, boue, pavés disjoints... Les coureurs découvrent la « Trouée d'Arenberg ».

Avoir enduré les vibrations jusqu'à l'épuisement, avalé des kilos de poussière comme de la limaille de fer, survécu aux « pavés patinoires », aux flaques, aux nids-de-poule, avoir serré les dents contre le vent et la pluie pour atteindre le Graal : la piste de béton du vélodrome de Roubaix et ses douches, désormais inscrites au patrimoine mondial du cyclisme. L'enfer du Nord mais le paradis du cycliste ! Car, aussi incroyable que ce soit, ceux qui y ont goûté en redemandent !

Paris-Roubaix : une course proposée en 1896 par deux patrons des filatures roubaisiennes (Théodore Vienne et Maurice Pérez) au directeur du journal *Paris-Vélo*, dans le but d'attirer l'attention sur le vélodrome qu'ils venaient de construire à Roubaix, tout en offrant une bonne préparation au peloton avant la sixième édition de Bordeaux-Paris. Première victoire pour l'Allemand Josef Fischer, qui parcourt les 280 kilomètres en 9 h 17'. Les premières éditions sont folkloriques : comme sur Bordeaux-Paris, les coureurs peuvent être assistés par un entraîneur, et la course est même ouverte aux autos et aux motos, qui avalent le pavé à peine plus vite que les vélos (35,8 km/h contre 32,6 !)

Ce n'est qu'à partir de 1910 que les vélos seront seuls en piste, ou plutôt sur le haut du pavé ! Car sur le Paris-Roubaix, la star, c'est le pavé, et c'est même le trophée qu'on offre au vainqueur ! D'ailleurs, victorieux en 1999, Andrea Tafi racontait qu'il ferait de son pavé la première pierre de sa nouvelle maison !

Si les coureurs ont écrit la légende de la course, les secteurs pavés en ont fait le piment. Avec quatre ou cinq étoiles, c'est souvent là que les stars font l'écart ! À Mons-en-Pévèle (3 km), au Carrefour de l'Arbre (2,1 km) et, bien sûr, à travers la mythique « Trouée d'Arenberg », une percée de 2 400 mètres en pleine forêt, des pavés disjoints recouverts par de la mousse et de la boue, un long goulet vers l'enfer où les coureurs s'empilent parfois comme dans un jeu de quilles.

Un secteur au programme de Paris-Roubaix depuis 1968, grâce à (ou à cause d') une suggestion de Jean Stablinski au patron de la course, Albert Bouvet, embarrassé par l'urbanisation galopante et la macadamisation du tracé historique. Stablinski connaissait le secteur pour avoir travaillé dans l'ancienne mine avant de passer professionnel. À propos d'Arenberg, il pouvait ainsi se targuer d'être le seul coureur à être passé dessus et dessous !

Dans les années 1970, face à l'impitoyable dogme du « tout macadam », c'est de la volonté populaire locale qu'est venue la décision de préserver les pavés de la course. Hommage au premier de cordée, Jean-Claude Vallaeys, président du Vélo club de Roubaix, qui fonda en 1977 l'association « Les amis de Paris-Roubaix » dans le but de restaurer les secteurs pavés en mobilisant les lycées horticoles.

Le parrain du BMX

Silhouettes de pilotes. Instantané des quarts de finale des courses olympiques de BMX à Rio en 2016.

1974
Scot Breithaupt

Une piscine vide, une dalle de béton, des rampes d'escaliers, des bancs, un skatepark : la jungle urbaine comme terrain de jeu artistique et sportif… Parmi les instruments : le skateboard, les rollers et le BMX. Ce jouet d'enfant utilisé à merveille par les adultes. Guidon XL, selle ultra-basse et des boudins en guise de pneus.

Après avoir été longtemps marginalisé, le BMX a fait son entrée dans le giron des sports olympiques à l'occasion des Jeux de Pékin 2008. Des courses de vitesse sur des bosses en terre où les Françaises Anne-Caroline Chausson et Laëtitia Le Corguillé ont obtenu l'or et l'argent ! Chez les garçons, malheureux aux Jeux (une chute violente à Rio en 2016) mais heureux aux Mondiaux, coup de chapeau à Joris Daudet, champion du monde en 2011 et en 2016. Entre quête de spectacle et désir de toucher les jeunes, le CIO a ajouté la discipline du « park » au programme des épreuves de Tokyo 2020 : elle consiste à réaliser des figures (des *tricks*) sur des modules dans un skatepark.

Le BMX compte également trois autres variantes, tout d'abord le « street » (où le *rider* joue avec le mobilier urbain), le « dirt » (des sauts acrobatiques sur d'énormes tremplins en terre) et enfin le « flatland », discipline essentiellement artistique qui consiste à faire des figures sur un sol plat avec au moins une roue au sol. Là aussi les Français s'illustrent avec talent : par exemple Matthias Dandois, septuple champion du monde de « flat », et son mentor Alexandre Jumelin, acteur majeur du FISE (Festival international des sports extrêmes).

BMX pour « bicycle motocross ». Des mots qui disent tout de l'ADN et des racines de ce sport dont la création date de 1970 aux États-Unis sous l'impulsion de Scot Breithaupt, qui courait à 13 ans seulement en motocross pour l'écurie Yamaha. À l'époque, les gamins, galvanisés par les prouesses des motards, s'amusaient à reproduire les sauts de leurs héros sur des vélos devenus iconiques : les Schwinn Stingray. Un phénomène qui donna à Breithaupt, directement concerné, l'idée d'organiser de vraies courses sur un terrain vague de Long Beach (Californie). Prix d'entrée, un *quarter* (25 cents), et des règles inspirées de celles du motocross.

Trente garnements s'inscrivent à la première course de « pedal cross », la semaine suivante, ils sont déjà cent cinquante à se presser dans les starts ! Le succès est tel que Breithaupt décide de réunir 100 000 dollars de dotation et de développer un championnat en Californie dès 1972. Deux ans plus tard, plus de mille *riders* participent à chaque épreuve des Yamaha Bicycle Gold Cup Series, et Breithaupt finit la saison en apothéose en organisant la finale au Coliseum de Los Angeles, devant seize mille spectateurs !

Le BMX lancé par Breithaupt sera à l'origine de nombreuses vocations pour la petite reine, dont celle de Chris Hoy par exemple, sextuple champion olympique sur piste (vitesse et keirin notamment), qui décida de se mettre au vélo à 6 ans, fasciné par la scène de bicross d'*E.T.*, le film de Steven Spielberg !

1975
Yves Mourousi

Le Tour sur les Champs-Élysées

2013 : première arrivée de nuit sur les Champs-Élysées, pour la centième édition du Tour.

Qu'elle est belle, cette *Marseillaise* qui résonne sur les Champs-Élysées le dimanche 20 juillet 1975 ! Et le président Valéry Giscard d'Estaing est particulièrement souriant, aidant Bernard Thévenet à enfiler son maillot jaune de vainqueur de la Grande Boucle.

Triple événement ce jour-là : premièrement, un Français vainqueur du Tour, on attendait cela depuis huit ans ; deuxièmement, « le Cannibale » a été dévoré : Eddy Merckx, battu, termine deuxième, à 2'47" de Thévenet ; troisièmement, une arrivée sur les Champs-Élysées : la plus belle avenue du monde s'offre à la plus belle et à la plus grande course cycliste du monde. Enfin ! Justice.

Soyons honnêtes, les anciennes arrivées du Tour ont aussi eu du lustre. Dès la première année, Maurice Garin, qui est parti le mercredi 1er juillet 1903 du célèbre Réveil Matin de Montgeron, conclut son Tour à Ville-d'Avray après avoir parcouru 2 428 kilomètres, mais il a le droit de pousser jusqu'au Parc des Princes, où une foule curieuse et passionnée l'acclame. Soixante-trois ans plus tard, le Français Roger Pingeon sera le dernier vainqueur célébré sur la piste rose du Parc des Princes ; nous sommes en 1967, l'année terrible de la mort de l'Anglais Tom Simpson.

Les organisateurs cherchent une piste en plein air dans la région parisienne pour les Tours suivants : la fameuse Cipale est choisie pour l'arrivée de l'année 1968. Elle avait été construite en 1900 pour les JO de Paris. Sept ans de Cipale puis, sur une idée géniale d'Yves Mourousi, au bout de la route du Tour en 1975 : les Champs-Élysées. Une ultime étape de 163 kilomètres remportée au sprint par Walter Godefroot. Depuis 1975, la plus belle avenue du monde s'est souvent refusée aux Français, et rares sont ceux qui peuvent s'enorgueillir de l'avoir conquise : Eddy Seigneur (1994), Jean-Patrick Nazon (2003) et surtout Bernard Hinault, deux victoires avec le maillot jaune, du « Blaireau » tout craché. « Monsieur Panache » 1979 et 1982.

Tracé entre le Louvre et l'Étoile, avec sur le chemin le jardin des Tuileries, la Concorde et les Champs, ce circuit fermé de 7 kilomètres permet aux coureurs du Tour de retrouver les sensations de leurs débuts avec une course vive, pleine d'escarmouches, des virages secs, des relances violentes. Même s'ils sont tenus à distance derrière les barrières, les spectateurs en prennent plein les yeux pendant plus d'une heure ! Somptueux final, dont les images d'hélicoptère, depuis 1975, sont parmi les plus demandées par les télévisions internationales (il est si rare de pouvoir survoler les toits de Paris).

Christian Prudhomme, le patron du Tour, ira même plus loin dans la glorification de Paris en proposant en 2013, pour la centième édition, de tourner autour de l'Arc de Triomphe. Des essais transformés – avec un joli succès d'estime pour l'ex-homme de télévision – qui ont depuis été conservés…

2013
Tour de France

La ca$h machin€

LCL, partenaire du maillot jaune, en tête de la caravane publicitaire dans le col du Tourmalet (Tour 2015).

Du premier Tour, parti le mercredi 1er juillet 1903 devant le café Le Réveil Matin, à Montgeron, il ne reste plus grand-chose… si ce n'est le désir de glorifier les champions qui forgent leur légende « à la pédale », si ce n'est aussi le plaisir que cultivent les Français à admirer leur territoire et leur patrimoine (il faut savoir que 20 % des téléspectateurs confessent regarder la course uniquement pour admirer la France). Tout le reste est devenu gigantisme et business…

L'époque des forçats est bel et bien révolue… Cette époque où les coureurs parcouraient jusqu'à 483 kilomètres en une seule étape (Bayonne - Les Sables-d'Olonne, au programme du Tour de 1919 à 1926)… Cette époque où la Grande Boucle tutoyait les 6000 kilomètres (5745 exactement pour la plus longue édition, remportée en 1926 par le Belge Lucien Buysse)… Cette époque où les frères Pélissier déballaient leur sac devant Albert Londres au Café de la gare, à Coutances (Tour 1924).

Le Tour de France est devenu une « machine de guerre », un immense paquebot que rien ne peut arrêter, pas même les affaires de dopage. L'affaire Festina par exemple, malgré le bouillon médiatique qu'elle a provoqué, a juste entériné la deuxième journée de repos et limité le parcours à 3500 kilomètres (180 kilomètres par étape en moyenne). L'iceberg était gros, Jean-Marie Leblanc puis Christian Prudhomme ont maintenu le cap…

Entre marketing et mondialisation, voici quelques chiffres qui attestent du gigantisme de ce mastodonte. Ça donne le vertige ! Côté presse, déjà : 2000 journalistes, photographes, cameramen, réalisateurs accrédités ! Côté forces de l'ordre, ensuite : 13000 gendarmes et 9000 policiers. Il faut sécuriser le passage de la course mais aussi celui de la caravane publicitaire (35 marques, 170 véhicules, 600 personnes, 12 kilomètres de cortège), qui distribue environ 18 millions de cadeaux. Côté logistique, enfin : 1600 lits réservés pour chaque jour. Dès que le parcours est connu, fin octobre, on vous assure c'est la ruée vers les hôtels !

Avec près de 2,5 milliards de téléspectateurs (en audience cumulée) dans 190 pays, le Tour de France est le troisième événement sportif le plus regardé au monde après la Coupe du monde de football et les Jeux olympiques ! La course offre un formidable effet loupe aux villes étapes (250 dossiers sont déposés chaque année auprès d'ASO, l'organisateur du Tour) et aux annonceurs, qui se pressent pour avoir leur part du gâteau ! Parmi la quarantaine de sponsors, LCL, le plus gros, investit plus de 7 millions d'euros par an pour être le partenaire du maillot jaune.

Le sponsoring représente d'ailleurs 40 % du chiffre d'affaires du Tour, l'essentiel provenant des droits télés, à hauteur de 50 % (France Télévisions paie chaque année 25 millions d'euros) ; les 10 % restants sont apportés par les collectivités locales, qui déboursent 70000 euros pour accueillir un départ d'étape et 120000 euros pour être ville d'arrivée. Être la ville du Grand départ coûte beaucoup plus cher, 700000 euros environ, et encore plus quand il faut s'éloigner de l'Hexagone : en 2015, Utrecht a dû débourser 4 millions d'euros ! La facture est salée, mais les retombées sont énormes : tourisme, notoriété, image… L'équivalent de dix fois la mise de départ. Ça vaut le coup de tenter sa chance !

Un footing dans le Ventoux !

Le Maillot jaune Chris Froome en train de courir avec ses cale-pieds dans le *money time* du mont Ventoux (douzième étape du Tour 2016).

Parce qu'il est itinérant, le cyclisme est l'un des rares spectacles sportifs à pouvoir s'inviter sur le pas de votre porte. Un bonheur pour les spectateurs à qui les courses rendent visite, un casse-tête pour les organisateurs. Christian Prudhomme l'explique avec une grande transparence dans son livre *Le Tour de France, coulisses et secrets* : avec près de quinze millions de spectateurs agglutinés chaque année sur les bas-côtés, la sécurité des coureurs et du public relève du miracle !

Parmi les images insolites et spectaculaires vues à la télévision, on se souvient, sur le Critérium international 1997, de Jean-René Godart et de Bernard Thévenet qui commentent, avec de la surprise d'abord puis de l'effroi, l'incursion d'un cheval au milieu d'un peloton éparpillé façon puzzle. On se souvient aussi du Tour 2007, le Tour des chiens. On ne parle pas ici de Michael Rasmussen, chien de tricheur, mais de vrais canins lâchés par leurs maîtres, dont les traversées aventureuses ont valu de belles cabrioles à Sandy Casar, Marcus Burghardt, David Millar et même Ivan Basso ! Soleil garanti en juillet !

Dans la catégorie des acrobates, on peut citer Mark Cavendish, le voltigeur des sprints qui nous a offert une sublime culbute contre un séparateur de voies pendant Milan-San Remo 2018. Ces îlots centraux sont d'ailleurs l'un des principaux motifs d'inquiétude en matière de sécurité. Preuve concrète et dégât collatéral au Tour des Flandres 2014, quand le puissant Johan Vansummeren est venu percuter de plein fouet une mamie belge debout sur le trottoir. Coma artificiel puis paralysie partielle et 66 % d'invalidité pour la malheureuse spectatrice...

En montagne, la densité et l'excitation du public mettent le peloton à cent mille volts. Spectateurs coureurs à côté des coureurs cyclistes.

On le raconte dans *Les 100 Histoires de légende du Tour de France* : sur le Tour 2003, dans la montée vers Luz-Ardiden, Armstrong accroche une musette avec son guidon avant d'atomiser Ullrich et Basso. Sur le Tour 1999, pour une simple photo, un spectateur renverse Guerini qui filait gagner au sommet de l'Alpe-d'Huez. Cette montagne des Hollandais, cette montée mythique dont ils font le siège à chaque fois que passe le Tour. La foule qui s'ouvre et se referme comme Moïse avait ouvert un passage dans la mer Rouge.

Plus récemment, en 2018, à 5 kilomètres de l'arrivée, dans les roues de Bardet et de Froome, Nibali chute à la suite d'un ralentissement brutal et imprévisible. Une moto de gendarmerie, des fumigènes, une sangle de photographe. C'est flou mais c'est dur pour l'Italien, qui finira l'étape malgré une fracture des vertèbres !

Christopher Froome, parce qu'on le surnomme « le Kenyan blanc », aussi bon cycliste que joggeur ? C'est en tout cas l'image qu'on gardera du Tour 2016 ! Après avoir fracassé son vélo contre une moto suiveuse ralentie par la foule, le Maillot jaune, un peu paniqué de ne pas trouver dans la seconde un vélo de secours, s'était retrouvé à pied dans le Ventoux !

GENDARM
MERCIER
BP
BP

3 HISTOIRES DE CHAMPIONS

1893
Arthur August Zimmerman

Le Yankee volant

Affiche publicitaire pour les cycles Raleigh avec un portrait d'Arthur August Zimmerman.

L'affiche est splendide, le coureur, avec sa bicyclette et sa jolie tenue noire, est chic et magnifique, mais cela va lui coûter cher ! Explication. La marque d'abord, Raleigh : le médecin de Frank Bowden, un avocat plutôt riche de Nottingham, lui conseille de se mettre au vélo. Bowden se procure donc une bicyclette dans une modeste fabrique de la rue Raleigh. Coup de foudre immédiat, il revient et achète l'atelier. Raleigh vient de naître. Trois vélos fabriqués par semaine, nous sommes en 1887. Six ans plus tard, expliquent Moore et Benson dans leur livre *Vélos de course*, Raleigh est devenu le plus grand constructeur au monde. D'ailleurs, en 1951, la firme anglaise produira jusqu'à un million de vélos par an !

« Comment développer mon commerce ? » s'interroge alors l'avocat fondateur. Avec la publicité, évidemment ! Il contacte donc la grande vedette de l'époque, Arthur August Zimmerman. Le coureur américain est le plus rapide parmi les professionnels, tellement véloce qu'il va même se permettre de devancer Henri Desgrange (premier détenteur du record de l'heure et créateur du Tour de France) en personne sur la fameuse piste du vélodrome Buffalo. Grâce entre autres à son Raleigh (la notoriété de la marque était telle que l'on disait « Raleigh » pour nommer un vélo, comme « Frigidaire » pour un réfrigérateur ou « Hoover » pour un aspirateur), il est devenu champion du monde en 1893 !

Zimmerman va vite, très vite : 200 mètres en 12". Il a d'ailleurs un style vraiment personnel dans sa façon de tourner les jambes. « Il mouline », dit-on en jargon cycliste ! Et il gagne énormément de courses.

Problème : il est amateur, il n'a pas le droit de toucher de l'argent et de faire de la publicité ; à cause de son engagement pour la marque Raleigh, il est banni du cyclisme par les autorités britanniques. Obligé de courir en France et en Belgique, il n'accepte que les récompenses en nature, et c'est ainsi que l'on a vu Arthur August Zimmerman, considéré par beaucoup de spécialistes comme le coureur cycliste le plus rapide de tous les temps, reprendre le paquebot de retour vers les États-Unis en embarquant un véritable inventaire à la Prévert, décrit par Mario Fossati dans *Les Légendaires* : deux chevaux blancs, vingt-sept valises en sanglier, un piano, des fusils, de la porcelaine, des horloges, des fauteuils, des bijoux... Bref, de quoi, en les négociant à bon prix, s'assurer une retraite heureuse dans sa petite maison d'Atlanta après son dernier tour de piste !

Le Cyclone noir

1899
Major Taylor

Major Taylor (à gauche) et le Français Edmond Jacquelin au départ d'un match comptant pour le Grand Prix de Paris disputé à l'hippodrome de Vincennes en 1908.

Combien de fois avons-nous entendu cette phrase devenue presque un cliché : « La vie de cet homme ressemble à un film » ? Souvent on exagère et on invente pour combler les manques d'un joli destin... Vous pouvez nous croire sans la moindre hésitation, l'histoire de Marshall Walter Taylor, l'une des premières grandes vedettes mondiales du cyclisme sur piste, vaut toutes les grandes productions du septième art !

D'abord ses origines : un grand-père ancien esclave du Kentucky et un père employé de maison dans une riche famille d'Indianapolis. On aime bien le petit Marshall, né le 8 novembre 1878, et on lui offre son premier vélo. Le destin est en marche. Déménagement à Chicago, terminé le relatif confort d'Indianapolis : malgré son jeune âge, Marshall aussi doit travailler. Un marchand de vélo remarque le petit gamin noir particulièrement agile sur son engin, il lui propose de faire des acrobaties devant son magasin habillé en militaire. Major Taylor est né.

Une affaire qui roule : premières courses sur piste, premières victoires et, malgré la ligue américaine de cyclisme, ouvertement pour la ségrégation raciale, Marshall est engagé dans les Six-Jours de New York en 1896 sur la piste du Madison Square Garden. Les récits des journaux américains de l'époque, rapportés par Pierre Chany dans sa *Fabuleuse Histoire du cyclisme*, sont impressionnants : « Au cours des dernières heures, le favori Teddy Hale faisait songer à un fantôme. [...] Son visage est blanc comme celui d'un cadavre. Le public massé autour de la piste l'empêche de s'arrêter. [...] Au bout de la fatigue, Major Taylor est pris d'une de folie furieuse, il saute de sa machine et se précipite sur des spectateurs qui le sifflent. Il hurle qu'il veut les tuer. On le calme, et il termine les Six-Jours à la huitième place. » Une vraie scène de film !

Plus calme, plus aguerri aussi, « le Cyclone noir » parvient à canaliser son énergie et, en compétition, il lamine tout sur son passage. Rien qu'en 1899, il s'adjuge sept records du monde de vitesse sur piste (dont celui du mile départ arrêté, qui tiendra pendant vingt-huit ans) et devient - pour une longueur de roue - champion du monde du mile à Montréal.

Invité par la suite en France, où le cyclisme sur piste est à la mode, cet ouragan qui emporte tout conquiert la grande foule passionnée des vélodromes. « Cinq secondes paraît-il pour un 100 mètres départ lancé », raconte Roger Bastide dans *Les Légendaires*, ajoutant : « Major Taylor décide d'arrêter la compétition en 1918, s'installant à Salt Lake City et ouvrant une petite boutique de cycles qui fera faillite. »

Major Taylor, que Lance Armstrong considérait comme le plus grand coureur américain, s'éteindra dans la misère à Chicago en 1932. Triste clap de fin pour cette vie émouvante et mouvementée du « Cyclone noir ».

Un grand homme

Tour 1948 : monseigneur Théas donne sa bénédiction à « Gino le Pieux ».

1948
Gino Bartali

« Gino le Pieux » au plus haut des cieux, Gino l'alpin au-dessus des sapins : sept fois meilleur grimpeur du Giro ! Coureur de talent en pleine éclosion tandis que l'histoire suffoque et que l'humanité trébuche, Bartali se révèle être un grand homme.

D'abord sportivement, très fort en montagne mais pas seulement, l'Italien collectionne les victoires de classe : quatre fois champion d'Italie (1935, 1937, 1940 et 1952), quatre Milan-San Remo (1939, 1940, 1947 et 1950), trois Tours d'Italie (1936, 1937 et 1947) et l'exploit inédit de gagner deux Tours de France à dix ans d'intervalle (1938 et 1948) !

Sur le Tour 1938, le peloton découvre encore les dérailleurs, autorisés par Desgrange l'année précédente. Bartali manie avec finesse le « Cambio corsa » de Tullio Campagnolo. Véritablement aérien sur les pédales, il passe en tête de neuf des douze ascensions à bonifications et finira à Paris avec 18 min. et 27 sec. d'avance !

Le Tour 1948 est une tout autre histoire : l'Europe se reconstruit, mais certaines tensions persistent. 14 juillet en Italie, le peuple grogne et gronde, on tire sur Palmiro Togliatti, le leader communiste. On appelle à la grève, aux manifestations, on envahit même les principales installations du pays. Alcide De Gasperi, le président italien, se retrouve dans une impasse et tente un coup de poker. Bartali sera son joker !

Il n'y a que lui, leader de l'équipe d'Italie sur le Tour, qui puisse détourner l'attention et faire retomber la pression. Il doit gagner. Ni une ni deux, Gino le patriote s'exécute dès le lendemain et renverse le Tour pour éviter que l'Italie soit renversée. Une étape magistrale entre Cannes et Briançon, où il grappille 18 minutes sur Louison Bobet avant de le terrasser le 16 juillet au terme d'un duel de titans : Lautaret, Galibier, Croix-de-Fer et col de Porte. Bartali en jaune, on respire en Italie !

Gino le sauveur, Gino l'exemple. Politiquement vrai, religieusement aussi. Il courait un crucifix au cou. La charité chrétienne était son quotidien, faire le bien était son credo. Pendant la guerre, sous couvert d'entraînements, Bartali convoyait des faux papiers dans son tube de selle et sa potence. Lors des contrôles, profitant de sa popularité, il demandait aux policiers de ne pas toucher à ces éléments-là, prétendant qu'ils étaient réglés au millimètre pour la vitesse… Avec ses grandes vadrouilles, Bartali a sauvé plus de huit cents juifs mais ne s'en est jamais vanté… Un grand homme, ce Gino, reconnu comme « Juste parmi les nations » par l'État d'Israël en 2013.

Campionissimo

Tour de France 1949 : Coppi, futur vainqueur, en plein effort.

Nul besoin d'être un grand spécialiste du cyclisme pour reconnaître Fausto Coppi dans les pelotons des années 1950 : une allure et un physique idéal pour la pratique du vélo, un buste court, des bras immenses et surtout des jambes longues et fines. « Coppi courait comme un artiste peint une aquarelle », écrit André Leducq, journaliste mais surtout ancien vainqueur du Tour de France, « vissé sur la selle, il semble caresser son guidon. Ses jambes démesurées se déploient telles les pattes agiles d'une gazelle. » Une gazelle pour les uns, un héron pour les autres. Une certitude : Coppi méritait à merveille le superlatif légendaire que lui ont attribué les tifosi italiens : « Campionissimo ».

Car, pendant toute sa carrière, sa marque de fabrique a été « victoire en solitaire ». D'ailleurs, longtemps, les commentateurs des radios italiennes n'avaient qu'une expression en bouche : *Coppi solo in testa*, « Coppi seul en tête » ! En course, sa tactique était simple, attaquer, se détacher et gagner : 149 victoires entre 1940 et 1959. Pratiquement toutes les grandes classiques, dont Milan-San Remo 1946 - qu'il a gagnée avec 14 minutes d'avance après une échappée solitaire de 140 kilomètres -, Paris-Roubaix et le Tour de Lombardie. Quatre fois champion d'Italie, champion du monde à Lugano en 1953. Cinq victoires dans le Tour d'Italie et deux Tours de France. D'ailleurs, Fausto Coppi a été le premier champion à réussir le doubler le Giro-Tour en 1949, et il recommencera en 1952.

L'Italie du vélo a toujours adoré se passionner pour les rivalités entre grands champions, Girardengo contre Binda dans les années 1920, puis le duel Guerra-Binda. À partir de 1940, l'opposition Coppi-Bartali a atteint des sommets. Gino Bartali, le catholique pratiquant, « le Pieux » (son surnom), aimé de l'Italie traditionnelle paysanne, contre Fausto Coppi, le progressiste qui scandalisa les milieux conservateurs en tombant amoureux d'une femme mariée, la fameuse « Dame blanche ». Excommunié, Coppi ira même en prison pour cette histoire !

En 1949, Alfredo Binda, le directeur sportif de la *squadra* italienne, réussira une sorte de miracle : faire cohabiter Bartali et Coppi dans le Tour de France. Bartali en difficulté après une chute, Coppi aura la permission d'attaquer et scellera une victoire italienne.

Expliquer la domination de Coppi sur ses rivaux tient en deux mots : surdoué et perfectionniste. Non seulement il était naturellement constitué pour réaliser des grandes performances avec un vélo, mais, depuis son adolescence où, apprenti charcutier dans le Piémont, il livrait les saucisses à bicyclette, devenu pro, il cherchait sans arrêt à tout améliorer, sa nutrition, son entraînement, son matériel, sa tactique. Peut-être, avant l'heure, la recherche des gains marginaux...

Décédé en 1960 de la malaria, contractée en Afrique, Fausto Coppi a inspiré les plus grands compliments. Curzio Malaparte écrivait : « Si Bartali avait du sang dans les veines, Coppi, lui, avait de l'essence. » Et Raphaël Géminiani d'ajouter : « C'était un champion d'un autre monde. »

Avec les encouragements de Christiane

1953
Louison Bobet

Christiane encourage son champion de mari.

Qu'elle est belle, cette photo du quarantième Tour de France ! Nous sommes exactement le vendredi 24 juillet 1953 dans la vingtième étape. Un contre-la-montre de 70 kilomètres entre Lyon et Saint-Étienne. Louison Bobet, avec le maillot jaune qu'il a endossé deux jours plus tôt à Briançon, va gagner le chrono.

En plein effort, grimaçant mais efficace, le champion tourne la tête pour écouter les encouragements d'une spectatrice. Et cette jolie femme en robe de vichy qui s'adresse à lui, c'est son épouse ! Instantané splendide d'une belle communion. Et Christiane sera encore là, évidemment, dans la tribune du Parc des Princes pour fêter avec leur petite fille Maryse la première victoire dans le Tour de France de son champion de mari.

Bobet que la France appelle maintenant « Louison » va réussir l'exploit de remporter trois Grandes Boucles d'affilée (de 1953 à 1955). L'année 1954 va marquer l'acmé de sa carrière. Une année dramatique pour la France, avec l'appel de l'abbé Pierre au cœur d'un hiver glacial, la chute de Dien Bien Phu faisant cinq mille morts et huit mille prisonniers, et enfin le début de la rébellion algérienne. Pierre Mendès France devient président du Conseil, François Mitterrand obtient le portefeuille de l'Intérieur. Le rock and roll fleurit aux États-Unis au moment où l'Eurovision est créée.

Et Louison réussit une performance historique. Vingt et un jours seulement après avoir remporté son deuxième Tour de France, il devient champion du monde à Solingen, en Allemagne. À l'issue d'une course de 240 kilomètres terminée sous le déluge. À l'arrivée, Fausto Coppi, épuisé, grand seigneur, déclare : « J'ai tout de suite compris que Bobet ne serait pas battu. Je rends hommage à Louison qui est un bon camarade. » Paroles et jour bénis pour Bobet, dont l'épouse avouait : « Coppi m'empêchait de dormir. » Souvenir d'un « Campionissimo » invincible.

Louison Bobet, au dire de tous ceux qui l'ont approché, était un vrai gentleman. Intelligent, modeste et ambitieux, perfectionniste aussi, à l'instar de son rival et ami Fausto Coppi. Le petit « mitron » (il travaillait dans une boulangerie) de Saint-Méen-le-Grand, en Bretagne, est devenu en quelques années l'un des cyclistes professionnels les plus exemplaires. Carrière remarquable suivie d'une reconversion particulièrement réussie avec la création très innovante de centres de thalassothérapie. Son frère Jean, qui fit le Tour avec Louison en 1954, écrivit avec beaucoup de justesse : « Le vélo n'a que des légendes, le cyclisme pédale dans le sillage de ses héros ou de ses souvenirs. » Louison Bobet en faisait bien partie.

Raymond Poulidor (à droite) et Jacques Anquetil dans la montée du puy de Dôme.

1964

Raymond Poulidor

L'éternel second

Comme en musique rock dans les années 1960, lorsqu'on parlait Tour de France, il fallait choisir son camp : Beatles ou Rolling Stones, dans le vélo, à l'époque, c'était « Poupou » ou Anquetil !

Le Tour 1964 est le sommet de cette rivalité, avec ces images et ces photos remarquables du coude-à-coude dans la montée du puy de Dôme. Énorme moment de sport, sublime moment de grâce. Sans se regarder, ils se frôlent, ils se relancent... la bataille est poignante, aucun ne veut lâcher. « Nous étions côte à côte. Je ralentissais, il ralentissait. Je démarrais, il répondait. Sincèrement, j'étais impressionné », raconte Poulidor au journal *L'Équipe*.

On le sait depuis toujours, opposez deux caractères, deux personnalités, deux styles et vous avez les ingrédients très simples des plus grandes histoires de la littérature, du théâtre, du cinéma et du sport : Prost-Senna, Federer-Nadal, Borg-McEnroe. Le puy de Dôme, en ce dimanche 12 juillet 1964, a été le décor idéal d'un duel au sommet.

Il ne s'agit pas de victoire d'étape, Bahamontes et Jiménez sont devant. Les Français se battent pour le maillot jaune et, à 1500 mètres de l'arrivée, Anquetil craque un peu, Poulidor s'en va, centimètre par centimètre, mètre par mètre. Cela ne sera pas suffisant. Au sommet du puy de Dôme, il a encore quatorze secondes de retard sur Anquetil pour lui reprendre le maillot jaune.

Finalement, « Maître Jacques » gagne ce Tour 1964 avec cinquante-cinq secondes d'avance sur Poulidor. Un quintuple succès de légende que trois autres champions (en écartant Lance Armstrong, déchu de ses sept titres) réussiront après lui : Eddy Merckx, Bernard Hinault et Miguel Indurain.

Raymond Poulidor ne gagnera jamais le Tour de France et n'endossera jamais le maillot jaune, même si, contrairement à ce que pensent ceux qui ne connaissent pas bien le vélo, « Poupou » possède l'un des palmarès les plus complets parmi les professionnels : il a notamment remporté la Vuelta 1964 (juste avant ce mythique coude-à-coude); il collectionne onze victoires d'étapes dans les grands tours, deux Paris-Nice (1972 et 1973), deux Dauphinés (1966 et 1969); côté classiques, Milan-San Remo 1961 et la Flèche wallonne 1963...

Si intenses soient-elles, les rivalités sportives sont souvent empreintes de respect et se muent même parfois en amitié. Souvenez-vous en 1994 des mots de Senna pour Prost lorsqu'il effectuait un tour de reconnaissance du circuit de Saint-Marin sur TF1 : « Alain, tu me manques... » Ce fut le cas pour Anquetil et Poulidor, les deux frères ennemis du cyclisme français, Anquetil se plaisant à répéter que le vélo leur avait volé quinze ans d'amitié. Hélas, Anquetil qui aimait la bonne chère mourut bien trop tôt pour rattraper le temps perdu... À 53 ans, attaqué sans pouvoir répondre par un cancer foudroyant de l'estomac... On raconte que, sur son lit de mort, le jeune retraité, éternel pince-sans-rire, avait déclaré : « Raymond, tu vas encore finir deuxième ! »

1965
Jacques Anquetil

Le doublé impossible

Jacques Anquetil dans la roue de son entraîneur Joseph Goutorbe sur un Derny lors de Bordeaux-Paris 1965.

Le 30 mai 1965, Jacques Anquetil va réussir l'impossible… Enchaîner et gagner en moins de vingt-quatre heures deux courses de légende : le Dauphiné libéré et Bordeaux-Paris. Un incroyable défi réussi qui mérite bien un petit florilège sur le thème de l'impossible, de Nicolas Machiavel à Winston Churchill. « Qu'est-ce que le beau sinon l'impossible ? » écrivait Gustave Flaubert, Mark Twain ajoutant : « Ils ne savaient pas que c'était impossible, alors ils l'ont fait. » Machiavel répétera en 1515 : « Rien n'est impossible à qui le veut fermement ». Winston Churchill, lui, conseillera : « Agissez comme s'il était impossible d'échouer. »

À ces fameux auteurs de maximes, Jacques Anquetil, en ce jour de mai 1965, a donné cent fois raison en réalisant un exploit historique. Champion hors normes (cinq Tours de France, un Tour d'Espagne, un Tour d'Italie, le record de l'heure), Anquetil est un homme de défis. Il aime la belle vie, manger, boire, s'amuser… S'il est respecté dans les pelotons, il n'est pas vraiment aimé par le grand public. Alors son provocateur d'entraîneur, son complice Raphaël Géminiani, pour étonner tout le monde et gagner encore plus de sous, lui suggère une folie : courir et gagner le Dauphiné libéré (une épreuve à étapes très exigeante avec ses nombreuses ascensions) et enchaîner dans la nuit avec Bordeaux-Paris, l'une des plus longues courses cyclistes, avec ses 556 kilomètres !

L'épouse de Jacques, Janine, finit par le convaincre, et Anquetil va se lancer dans cette aventure unique.

Acte 1 : malgré la belle résistance de Poulidor, il gagne le Dauphiné. Podium à Avignon, fleurs, trophées et transfert en auto à 100 km/h vers un avion qui l'attend et l'emmène vers Bordeaux, dîner, massage, une heure de sommeil et, à 2 heures du matin, en route pour Paris ! Une folie !

Acte 2 : Bordeaux-Paris, l'une des plus anciennes compétitions françaises, créée en 1891 (victoire d'un Britannique, George Pilkington Mills). Elle a une particularité : les coureurs ont droit à un « entraîneur » à partir de Châtellerault. Au guidon d'un Derny (un petit cyclomoteur), ils offrent un abri salvateur face au vent qui use leurs poulains.

À mi-parcours, champion ou pas, Anquetil craque complètement, il parle d'abandonner. Paul Fournel rapporte dans *Anquetil tout seul* les propos de Géminiani : « Tu me fais passer pour un con ! Tu me trahis ! Jamais je n'aurais dû faire confiance à une gonzesse ! » Alors, aidé par Jean Stablinski, son équipier, Anquetil, piqué au vif, coureur d'orgueil, enfourche son vélo et repart. Il rejoint François Mahé, dépasse Tom Simpson et, sous les vivats de la foule du Parc des Princes, il gagne et réussit son pari fou.

Interrogé après sa victoire par le ministre des Sports François Missoffe, Jacques Anquetil déclarera sans fioritures, n'ayant jamais caché son opinion sur le dopage : « Vous pensez sincèrement qu'il est possible de courir Bordeaux-Paris sur la lancée du Dauphiné avec de simples morceaux de sucre ? »

Merci chérie !

1967

Beryl Burton

Beryl et Denise Burton, mère et fille à vélo en 1963 !

Retenez bien son nom : Beryl Burton. Inconnue des Français mais mythe absolu du sport britannique et du cyclisme féminin. Sept titres mondiaux, dont deux sur route (1960 et 1967), et quatre-vingt-seize titres nationaux ! Beryl excellait dans les efforts solitaires : treize fois championne de Grande-Bretagne de poursuite et soixante et onze fois championne en contre-la-montre, du 10 miles au 100 miles. Elle est la première à faire 25 miles en moins d'une heure, 50 miles en moins de deux heures, 100 miles en moins de quatre heures. Beryl Burton est en fait la meilleure cycliste britannique durant vingt-cinq ans, de 1959 à 1983, femmes et hommes confondus !

Une femme plus forte qu'un homme en sport de haut niveau ? Oui messieurs ! Et pas en voile ou à cheval, les rares sports olympiques mixtes !

Une anecdote et un exploit pour étayer notre propos : septembre 1967, Beryl a 30 ans, elle est tout juste auréolée de son second maillot arc-en-ciel sur route, un titre glané aux Pays-Bas dans l'anonymat le plus total. De retour dans son comté d'origine, le Yorkshire, elle s'aligne sur le contre-la-montre des Douze-Heures de l'Otley Cycle Club. Programmée juste après Mike McNamara, favori de l'épreuve et dernier homme à s'élancer, elle se demande si elle sera capable d'aller au bout… Partie avec deux minutes d'écart et malgré quelques soucis gastriques et techniques, la championne du monde chasse et finit par dévorer sa proie, qui allait établir un record. Compassion ou provocation, au moment de le doubler, Beryl tend à McNamara un bonbon au réglisse. Réponse de l'intéressé : *Yeah ta love* (« Merci chérie »). C'est finalement Burton la championne qui s'offrira pour cinquante ans un record ahurissant avec 445,79 kilomètres parcourus à la moyenne de 37,15 km/h (il sera battu de 13,5 km en 2017 par Alice Lethbridge sur un vélo de contre-la-montre) ! McNamara établit tout de même un record national masculin et son club, bon perdant, offrira une réplique géante du bonbon à la championne.

Qui aurait pu imaginer qu'une cultivatrice de rhubarbe pourrait se hisser au-dessus des hommes dans un sport où la puissance et l'endurance font loi ? Sa recette était simple : *hard labour*, travailler dur aux champs, travailler dur sur la selle (600 miles, soit 1000 kilomètres par semaine).

Ludwig van Beethoven avait bien raison : « Le génie c'est 5 % d'inspiration et 95 % de transpiration ! » Et aussi un fichu caractère : on raconte qu'un jour, sur un podium, Beryl a refusé de serrer la main de sa fille Denise, qui venait de la battre à la pédale !

Le Belge, Maillot jaune, à l'attaque dans le Tour de France 1974.

1974

Eddy Merckx

Le Cannibale

« Tour de France », c'est le surnom plutôt mignon que les voisins d'Eddy Merckx lui avaient donné quand le gamin, déjà très inspiré, tournait sans cesse autour de la maison de ses parents dans la banlieue de Bruxelles (à vélo évidemment).

Et puis Eddy a grandi, et la bicyclette a pris toute sa vie. Comme le jeune homme détestait les échecs, il s'est mis à gagner… à beaucoup gagner (625 courses exactement), avec un appétit d'ogre. On l'a vite appelé « le Cannibale ». Il n'aimait pas trop cela, mais tous les adversaires qu'il a croqués avec délice dans toutes les courses sentaient bien qu'il y avait quelque chose de gargantuesque dans sa façon de les dominer.

Comme l'écrit si bien Christian-Louis Éclimont, grand spécialiste du cyclisme : « Dès lors qu'on l'évoque, les substantifs se bousculent au seuil de l'élégie. Il y avait tout en lui qui composait le portrait-robot idéal du champion. »

Eddy Merckx respirait vélo, il pensait vélo, il rêvait vélo, il vivait vélo. La légende dit même qu'il se réveillait la nuit, la veille des grandes épreuves, pour aller vérifier ses bicyclettes et ses boyaux !

Ce roi belge du vélo a régné sur le peloton de 1965 à 1978. Son palmarès est sans aucun doute le plus impressionnant de toute l'histoire de ce sport : cinq Tours de France, cinq Tours d'Italie, un Tour d'Espagne, trois Paris-Roubaix, sept Milan-San Remo, toutes les grandes classiques, un record de l'heure, et aussi trois championnats du monde !

Des résultats éblouissants jamais égalés, avec un point d'orgue et une grande première en 1974 : il réussit la même année à gagner le Tour d'Italie, le Tour de France et le championnat du monde ! « Aucun vainqueur du Tour n'a jamais fait preuve d'une supériorité d'ensemble aussi totale », écrit dès 1969 Jacques Augendre dans *Le Monde*.

Sa haine de la défaite, de l'erreur, de la faiblesse l'amenait à se surpasser sans cesse, à aller chercher l'exploit souvent au-delà du raisonnable. Comme dans le Tour de France 1969, avec une échappée en solitaire et en jaune de 136 kilomètres ; comme en 1968 dans le Giro, à Tre Cime di Lavaredo, où il prit au peloton neuf minutes d'avance sous la neige.

Coureur XXL, son extraordinaire carrière a également été marquée par un grave accident sur piste à Blois le 9 septembre 1969, qui lui occasionnera un mal de dos récurrent, et par quelques affaires de dopage (une exclusion du Tour d'Italie par exemple) dont il est souvent sorti avec le bénéfice du doute.

Eddy Merckx à tout jamais le plus grand, le plus fort, le plus audacieux, le plus féroce. « Merckx invincible ? » se demandait Jacques Sternberg en 1969 dans *France-Soir*. « Non, répondait-il avec humour, si les autres coureurs partent un jour avant lui, si on lui donne un vélo en plomb, sans freins et sans dérailleur, et si on le laisse escalader les cols alors que les autres passent par la vallée. » Avec moins d'humour mais beaucoup de vaillance, Bernard Thévenet réussira enfin en 1975 à croquer « le Cannibale », mais c'est une autre histoire…

Le Blaireau

1985
Bernard Hinault

Bernard Hinault avec Greg LeMond (de dos) lors du Tour 1985.

Têtu, cabochard, buté, obstiné, opiniâtre, acharné… Bernard Hinault, l'un des plus grands champions français de l'histoire du cyclisme, ne renierait aucun de ces qualificatifs. Car il l'a souvent dit lui-même : « Oui j'ai du caractère, je ne suis pas mondain, j'aime bien discuter avec les personnalités et puis si j'ai envie de leur rentrer dedans, je le fais. » Voilà « le Blaireau » tout craché. « Le Blaireau », surnom que lui ont attribué deux de ses coéquipiers, Maurice Le Guilloux et Georges Talbourdet, et que Bernard Hinault assume parfaitement : « Quand on connaît l'animal, quand on le chasse… J'ai eu les mêmes réactions. Quand on m'emmerde je rentre dans mon trou, mais quand je sors, je mords ! »

Dans sa carrière amateur, puis professionnelle à partir de 1975, « le Blaireau » va mordre souvent. Un palmarès exceptionnel pour le jeune Bernard, né en 1954 à Yffiniac, dans les Côtes-d'Armor, qui tout jeune prenait déjà sa bicyclette pour se rendre à l'école et au collège : 216 victoires, 5 Tours de France, 3 Tours d'Italie, 2 Tours d'Espagne, 1 titre de champion de France en 1978, 1 titre de champion du monde en 1980, 9 classiques dont le fameux Liège-Bastogne-Liège de 1980 disputé sous la neige par un froid glacial et le Paris-Roubaix de la même année où, malgré sa victoire à l'arrivée, il claironne : « Je n'ai pas changé d'avis, c'est une course à la con ! » Du 100 % Hinault qui, fidèle à sa réputation, déclenchera une grève dans l'étape du Tour à Valence-d'Agen pour protester contre les horaires de la course et les transferts ou encore fera le coup de poing contre les grévistes qui gênaient le passage de la course Paris-Nice.

Son caractère, son talent surtout ont fait très rapidement de Bernard Hinault le vrai patron des pelotons entre 1977 et 1986. Tous les coureurs se sentaient obligés de respecter celui qui répétait : « Je monte sur un vélo pour gagner. Le plaisir de dominer les autres me prodigue une jouissance mentale, me permettant de serrer les dents sous la douleur. »

Expliquer la réussite d'Hinault ? Une vraie fable de La Fontaine. D'abord, la rage de vaincre, la hargne du « Blaireau », avec un cœur à trente-quatre pulsations par minute. Ensuite, « le Blaireau » se lit avec un renard futé, Cyrille Guimard, l'un des meilleurs directeurs sportifs de l'époque. Enfin, Hinault croise la destinée d'une sorte de loup entrepreneur aux dents longues : Bernard Tapie. Avec son équipe La Vie claire, « le Blaireau » termine sa carrière en apothéose : cinquième victoire sur le Tour de France 1985 (dernière victoire française) et contrat de confiance respecté en 1986, où il aide LeMond à gagner la Grande Boucle. Hinault finit en grand seigneur. « Il aura tout réussi dans sa carrière, même le plus dur, c'est-à-dire transformer sa deuxième place en une sortie merveilleuse », écrit Philippe Bouvet dans *L'Équipe* le 22 juillet 1986.

1987

Stephen Roche

Hat-trick

Stephen Roche sur le podium du Tour 1987 avec Pedro Delgado (deuxième, à gauche) et Jean-François Bernard (troisième, à droite), accompagnés par la Française Jeannie Longo, lauréate du Tour féminin.

Un peu de nostalgie pour évoquer cette année 1987 durant laquelle de grandes personnalités nous ont quittés : Fred Astaire, Rita Hayworth, Dalida, Lino Ventura, Jacques Anquetil, Henri Cochet, Didier Pironi et Bernard Giroux. En sport, même si Ben Johnson réalise 9"83 au 100 mètres et que le XV de France réussit son quatrième Grand Chelem, 1987 sera sans contestation possible « l'année Roche ». Cette année-là, l'Irlandais va réussir un triplé (*hat-trick* dans sa langue) historique, treize ans après Eddy Merckx (victoire dans le Tour d'Italie, le Tour de France et le championnat du monde la même année).

Depuis plusieurs années déjà, le peloton professionnel a appris à se méfier de ce jeune Irlandais adopté par la France. ACBB (le club de Boulogne-Billancourt) pour commencer puis le fameux maillot à damiers de Peugeot de 1983 à 1986, et enfin l'équipe italienne Carrera de 1987 à 1990. Succès dans le Paris-Nice 1981, dans le Tour de Romandie 1984 et une superbe troisième place dans le Tour de France 1985, derrière Hinault et LeMond.

Roche a appris vite et bien. L'apogée de sa carrière survient en 1987, une année très haute en couleurs. Le rose d'abord, couleur du maillot du premier dans le Tour d'Italie. Comme en France, le maillot du leader du classement général est de la couleur du journal qui a lancé l'épreuve en 1909, *La Gazzetta dello Sport*. Un rose pâle dès le début de ce Giro : « La course des couteaux sous la table », écrit un journaliste de *La Gazzetta*. Ambiance tendue dans l'équipe Carrera, où l'Italien Visentini dit ouvertement détester son coéquipier Roche : « Un jour il vous sourit, le lendemain il vous crache à la figure », explique sans nuance Visentini. Roche montre très vite qu'il n'a que faire de cette haine. Il attaque et, malgré la polémique et les menaces physiques des tifosi, il ira gagner le Tour d'Italie.

Après le rose, le jaune avec un Tour de France très particulier : départ de Berlin pour les deux cent sept coureurs (record pour le nombre d'engagés) et un parcours de 4 231 kilomètres (là aussi un record de longueur historique pour les parcours d'après-guerre). Hinault et LeMond sont absents, Fignon est loin de sa forme, des coureurs aux dents longues vont vite se montrer. Delgado, Mottet, Herrera... Formidable numéro de Jean-François Bernard qui pulvérise le peloton façon puzzle sur le mont Ventoux. Il endosse le maillot jaune mais crève dans le Vercors et perd plus de quatre minutes. Succès éventuel évanoui... La suite sera un *mano a mano* spectaculaire entre Delgado et Roche qui, avec seulement quarante secondes d'avance, ira inscrire son nom au palmarès de ce soixante-quatorzième Tour de France ! Grande première pour l'Irlande !

Rose, jaune et enfin arc-en-ciel pour terminer en beauté cette année de rêve sur le difficile circuit de Villach, en Autriche, sous une pluie battante. Les Irlandais jouent la course d'équipe, mais Sean Kelly est dans « un jour sans ». Alors Roche durcit la course, attaque et gagne. Un triplé de légende qu'aucun coureur n'a réédité depuis.

The Nice man

Sean Kelly avec le maillot vert lors de la huitième étape du Tour de France 1989.

La scène est pittoresque, digne d'une séquence d'un film britannique des années 1960 : au loin dans les champs qui entourent la petite ville irlandaise de Carrick-on-Suir, dans le comté de Waterford, un jeune rouquin souriant conduit le tracteur familial, une automobile approche, s'arrête, et le chauffeur interpelle le garçon. « La ferme des Kelly, s'il vous plaît. – Vous y êtes monsieur, c'est pourquoi ? – Pour parler vélo », répond très calmement l'étranger. Trois heures plus tard, autour d'un irish coffee, tout était réglé : Jean de Gribaldy, ancien coureur professionnel devenu directeur sportif, grand dénicheur de champions, engage Sean Kelly dans son équipe Flandria.

La balade irlandaise s'avéra bénéfique pour les deux hommes : Jean de Gribaldy, surnommé « le Vicomte » pour son ascendance italienne, ne s'est pas trompé. Très vite, Sean Kelly va se révéler comme un grand champion sous la férule de son nouveau patron. Le jeune Irlandais fougueux, puissant, rapide va devenir un vrai professionnel, surveillant son alimentation, affinant ses méthodes d'entraînement. Résultat, cent quatre-vingt-dix victoires dont onze classiques, ces courses d'un jour que tous les coureurs rêvent d'accrocher à leur palmarès : trois Tours de Lombardie, deux Liège-Bastogne-Liège, deux Paris-Tours, deux Paris-Roubaix, deux Milan-San Remo, avec d'ailleurs un petit chef-d'œuvre tactique dans sa dernière victoire en Italie, en 1992. Il ose attaquer, non pas dans la montée mais dans la descente de l'ultime difficulté, le Poggio ! Il rejoint le grand favori italien Moreno Argentin à 700 mètres de l'arrivée et le devance sur la ligne. Énorme !

Palmarès particulièrement fourni avec deux bémols : malgré sa pointe de vitesse, Sean Kelly ne réussira jamais à être champion du monde ni à s'imposer dans le Tour (où il sera récompensé quand même quatre fois par le maillot vert décerné au coureur réputé le plus rapide).

En revanche, la très grande fierté de Sean Kelly est d'avoir réussi un exploit que personne avant ou après lui n'a accompli : enchaîner sept victoires consécutives dans Paris-Nice. Kelly roi de « la Course au soleil » de 1982 à 1988. Merci cher « Vicomte », grâce à vos conseils, Sean a atteint pendant ces sept années son état de Grace... Kelly !

1988
Christa Luding-Rothenburger

Sur piste été comme hiver !

Épreuve de vitesse individuelle aux Jeux olympiques de Séoul (1988) : Christa Luding-Rothenburger, les yeux devant et les oreilles derrière, ne veut pas se faire surprendre par son adversaire.

Dans la vie de Christa, il y a avant et après 1988 : en effet, cette année-là, Ernest, son entraîneur, la demande en mariage, et elle dit oui. Ainsi, mademoiselle Rothenburger devient madame Luding-Rothenburger : vive l'amour !

Mais, évidemment, ce n'est pas tout, car en 1988 la championne est-allemande va réussir un double exploit qui la rend encore aujourd'hui unique dans l'histoire olympique. Elle remporte des médailles d'or en patinage de vitesse à Calgary, pendant les Jeux d'hiver, et, la même année, elle gagne une médaille d'argent en cyclisme sur piste à Séoul. Du jamais-vu !

Dans la légende des JO, cinq athlètes ont obtenu des médailles pendant les Jeux d'été et les Jeux d'hiver. Deux hommes : le Norvégien Jacob Tullin Thams, en voile et en saut à skis, et l'Américain Eddie Eagan, en boxe et en bobsleigh. Et trois femmes : la Canadienne Clara Hughes, en patinage de vitesse et en cyclisme, l'Américaine Lauryn Williams, en athlétisme et en bobsleigh, et l'Allemande Christa Luding-Rothenburger, qui a donc marqué l'histoire en 1988.

Christa commence très tôt à patiner. Quelques arabesques, quelques figures de danse sur glace avec Katarina Witt, mais elle se rend compte rapidement que sa vraie passion, c'est la vitesse.

À 10 ans, changement de patins, changement de style, elle obtient vite des résultats encourageants. Le système politico-sportif de la RDA de l'époque la prend en main : médailles au championnat du monde et première médaille d'or olympique en 1984, aux Jeux de Sarajevo. L'entraîneur national des cyclistes la repère un jour à la patinoire : « C'est vrai que la position, l'activité musculaire et la faculté de réaction font se ressembler patinage de vitesse et vélo, explique Christa dans le journal *Le Monde*. Mon grand problème, ajoute-t-elle, est qu'il me manquait technique et tactique. »

Christa Luding-Rothenburger, tout en puissance, va donc étonner le monde entier à Calgary d'abord, avec trois médailles, puis sept mois plus tard à Séoul, avec l'argent en sprint à bicyclette... Une récolte qui a fait de la championne un cas unique, et de jolis cadeaux dans sa corbeille de mariage.

Indu'règne

1995
Miguel Indurain

Miguel Indurain sur l'Espada, son vélo de contre-la-montre fabriqué par Pinarello, lors du Tour 1995.

L'Espada est né pour Indurain. Ce vélo, conçu par Pinarello (avec le designer de Lamborghini, excusez du peu!) pour établir le record de l'heure à 53,04 km, sera interdit par la suite par l'UCI. Mais, sur le Tour 1995, lunettes intégrées au casque profilé, combinaison, cadre monocoque en fibre de carbone, on se croirait dans un film de science-fiction!

Déjà en 1992, on entendait : « Indurain est d'une autre planète. C'est un extraterrestre », de l'aveu même de Gianni Bugno. Indurain, vainqueur du contre-la-montre autour de Luxembourg, effectue les vingt-deux premiers kilomètres à près de 57 km/h, profitant du vent de dos. Fignon (vingt-troisième à 6'01'') raconte : « Quand il m'a passé, il roulait à 53 à l'heure, dans le faux plat, avec vent de face. » Greg LeMond est incrédule face à cette performance et déclare à la presse : « Tu as vu son temps? Comment a-t-il pu faire ça? Je ne comprends pas comment il nous a mis 4', à Bugno et à moi. »

José Miguel Echavarri, son directeur sportif, déclare à *L'Équipe* en 1992 : « Il est fait pour l'effort solitaire. C'est comme ça, c'est difficile à expliquer rationnellement. Sa position est naturelle, elle n'est pas le fruit de recherches aérodynamiques. Quand le guidon de triathlète est apparu, il a été de ceux qui s'y sont adaptés le plus vite. Il possède des qualités cardiovasculaires supérieures à la norme (28 BPM au repos), plus de force musculaire, de longs fémurs, comme beaucoup de champions avant lui. Miguel a, comment dire... un organisme un peu spécial, fait pour le vélo. »

Indurain, le « Chrono maître », est un immense rouleur. Il compense le handicap aérodynamique de sa grande taille par une énorme puissance dans les jambes, on parle de plus de 700 watts! L'Espagnol est de ces champions dont la carrière est marquée du sceau des grands tours. Et ce n'est que sur son septième Tour de France que le « porteur d'eau » de Delgado fait parler son talent pour entamer un règne sans partage de cinq ans. Il remportera tous les contre-la-montre individuels du Tour de 1991 à 1995, sauf deux (dix en tout). Echavarri, qui a façonné sa carrière, lui recommandera de courir comme Anquetil : dominer en chrono individuel et contrôler en montagne.

Un règne sans panache, commentent les observateurs, et, un jour, c'est en montagne qu'il va craquer... Le samedi 6 juillet, septième étape du Tour 1996, Chambéry-Les Arcs (200 km). La pluie poursuit les coureurs depuis le départ aux Pays-Bas... La pluie et (la) Hollande, mauvais présage pour un gouvernant! L'Espagnol, incapable de suivre l'attaque de Leblanc, va abdiquer à 3,5 km de l'arrivée. Il aura porté le maillot jaune soixante-deux jours durant son règne...

La puissance et la gloire

Puissance et vitesse : Félicia au bout de l'effort lors des championnats de France sur piste 2000.

2000
Félicia Ballanger

Plus discrète, plus modeste, plus gentille que Félicia Ballanger, l'une des cyclistes françaises les plus titrées, c'est difficile à trouver. Et, en même temps, plus puissante, plus volontaire et plus courageuse aussi, c'est pratiquement impossible à dénicher ! Étonnante championne, Félicia, dont le courage stupéfie tout le monde en 1993 : énorme chute sur la piste dont une latte de bois se détache et vient lui percer la cuisse... Une « écharde » de 1,5 m de long enfoncée dans le muscle ! Si on ajoute une clavicule cassée, on comprend la difficulté de se remettre en selle quelques mois plus tard et de retrouver la confiance.

Pourtant, cela va se produire... L'apprentie championne des débuts, timide et presque complexée, aidée à la fois par un psychologue, Gilbert Avanzini, et un entraîneur absolument génial, Daniel Morelon, va se transformer en une véritable machine de guerre ! Fini les doutes et les erreurs tactiques.

Nous sommes en 1995 : dix ans après la Française Isabelle Nicoloso, la Vendéenne devient, avec un premier titre mondial, la reine de la vitesse sur piste, et son règne sans partage va durer cinq ans : trois médailles d'or olympiques et dix titres de championne du monde. Félicia, dont les parents passionnés de vélo ont choisi ce prénom en souvenir de Felice Gimondi (champion italien vainqueur du Tour de France 1965), s'est métamorphosée.

« À Barcelone par exemple, aux JO de 1992, en montant sur mon vélo j'étais complètement inhibée, le trac, pas de jus, pas de jambes. » Des sensations insupportables dans cette discipline où l'explosivité, l'agilité et l'audace vous lancent à plus de 65 km/h vers la ligne d'arrivée. Daniel Morelon, double médaillé d'or olympique, en 1968 et en 1972, a su par bonheur trouver les mots pour permettre à Félicia de passer la vitesse supérieure.

« Mes grosses cuisses ? » nous avait-elle expliqué aux Jeux de Pékin (oui, elle était consultante pour France Télévisions) : « Le résultat de beaucoup de musculation, et je vais vite les faire fondre en arrêtant la piste. » Et d'ajouter : « Soyons clairs d'ailleurs, je combats le dopage, je suis même partante pour congeler les échantillons de tous les champions et championnes, le temps de trouver le moyen de tout détecter. » Position très lumineuse, championne !

2004
Marianne Vos

Championnat du monde sur route 2012 : au terme d'une course de 129 kilomètres, Marianne Vos célèbre sa victoire, drapeau des Pays-Bas en main.

La petite reine

Rien de vraiment impressionnant chez Marianne Vos : 1,68 m, 58 kilos. Contrairement à certaines championnes, sa musculature n'est pas hypertrophiée, bien au contraire, la silhouette est gracieuse, le sourire large et franc, les yeux verts pétillent. Rien d'impressionnant, sauf son palmarès : depuis 2007, la championne cycliste néerlandaise a pratiquement tout gagné. Un talent énorme, une sorte d'Eddy Merckx au féminin. À sa manière, une petite reine des Pays-Bas capable de s'imposer dans toutes les disciplines : le cyclo-cross, la route, la piste et le VTT. Sept fois désignée par l'Union cycliste internationale comme numéro 1 mondiale de 2007 à 2013, elle remporte entre autres deux titres olympiques, trois championnats du monde sur route, sept en cyclo-cross, deux sur piste. Côté classiques, Vos collectionne cinq victoires dans la Flèche wallonne et, dans les grands tours, trois Tours d'Italie.

Plus de trois cents victoires, un palmarès gigantesque à l'actif de cette jeune femme qui a commencé la bicyclette à 6 ans, tout simplement en admirant les prouesses de son frère Anton sur son deux-roues. Il faut dire qu'aux Pays-Bas, tout le monde est sur deux roues. De la reine aux étudiants, de 5 à 100 ans, tous les Néerlandais ont adopté ce moyen de transport.

D'ailleurs, si parfois vous entendez parler de la « petite reine », sachez justement que l'expression vient directement de ce pays et de sa famille royale : en 1890 déjà, la souveraine Wilhelmine, qui succède à Guillaume III, circule à bicyclette ! Contrairement à la France où, lorsqu'on parle vélo, on pense « loisir », aux Pays-Bas, on pense « déplacement ». Dans les années 1970, les autorités locales ont lancé une vraie politique en faveur du vélo : pistes cyclables partout, parkings spéciaux, aménagements urbains. Résultat : un succès remarquable, un vrai choc visuel et émotionnel en 2015 lorsque, le Tour de France partant d'Utrecht, nous avions découvert une « ville-vélo ». Des deux-roues partout par millions, d'ailleurs, les Néerlandais sont fiers de dire qu'aujourd'hui, dans leur pays, il y a plus de vélos (23 millions) que d'habitants (18 millions). Dans la circulation, la règle est particulièrement claire, les priorités sont respectées : d'abord le vélo, ensuite le piéton et puis l'auto. Et tout le monde y gagne : moins d'embouteillages, moins de pollution, une santé meilleure, moins de stress. Aux Pays-Bas, dit-on, « on naît, on vit et on meurt à vélo ».

Avec des championnes modèles comme Marianne Vos, la meilleure cycliste de son époque, on comprend mieux que les Néerlandais aient le cœur en forme de deux-roues !

2005
Tom Boonen

De pavés et de poudre

Le coureur belge en plein effort lors du Paris-Roubaix 2012.

La lumière d'abord pour le jeune Tom, né en 1980 à Mol, en Belgique. Papa, coureur professionnel pendant cinq saisons dans les années 1980, transmet très naturellement le virus à son fils... Qui n'aime pas le vélo en Belgique? Premières courses en amateur, premières victoires, premier contrat avec l'US Postal (future équipe de Lance Armstrong) signé par son directeur sportif Dirk Demol, qui a repéré le futur champion.

Ses qualités? Sa puissance associée à sa vélocité et à son explosivité. Boonen ne sera jamais un grimpeur ni un coureur polyvalent capable de gagner un grand tour. En revanche, Demol, comme tous les spécialistes, lui prédisent une grande carrière sur les courses d'un jour, en particulier celles où il faut dompter les pavés. Il avait raison! Le palmarès de Tom est éloquent : trois Gand-Wevelgem, trois Tours des Flandres, quatre Paris-Roubaix, le maillot vert du Tour de France en 2007, mais aussi une année 2005 exceptionnelle où il devient champion du monde. Arc-en-ciel avant le coup de tonnerre...

10 juin 2008 : les journaux belges annoncent que Tom est un consommateur de cocaïne et qu'il a été contrôlé positif au cours d'un test hors compétition. Boonen, qui reconnaît les faits, n'est pas sanctionné sportivement, mais il est quand même banni du Tour de France. Autre coup dur pour le champion belge, un nouveau contrôle positif l'année suivante, et le début d'une dépression teintée d'alcoolisme.

La zone d'ombre, le doute semblent s'étendre... Quelques résultats en dents de scie en 2010 et en 2011 puis une vraie renaissance en 2012, où l'on retrouve un coureur flamboyant, audacieux et gagnant : quadruplé formidable avec Gand-Wevelgem, le Grand Prix E3, le Tour des Flandres et un quatrième Paris-Roubaix (qui le fait entrer dans l'histoire, égalant le record de son compatriote Roger De Vlaeminck).

Le dos rond, très ramassé sur son vélo, pédalant tout en puissance, Tom Boonen n'a jamais été un monstre d'élégance, contrairement à son grand rival dans les classiques, le Suisse Fabian Cancellara. Opposition de styles, opposition tout court entre les deux coureurs, Tom Boonen allant même jusqu'à un terrible aveu à propos de la victoire de Cancellara dans le Tour des Flandres 2010. Question d'un journaliste belge : « Cancellara vous a-t-il volé le « Ronde » [le Tour des Flandres] 2010 en utilisant un vélo avec un moteur électrique? » Réponse de Boonen : « Oui! » Le champion belge ajoutant un doute supplémentaire à cette question qui agite le monde du vélo, tout en remarquant qu'aucune preuve n'a jamais été trouvée contre Cancellara.

Ombre et lumière pour Tom Boonen que Marie-Christel Maury qualifiait avec justesse de « rock star » au moment où il courait son dernier Paris-Roubaix, en avril 2017...

2008
Mark Cavendish

Double kick

Treizième étape du Tour 2008 : Mark Cavendish fête sa victoire devant le Maillot vert, l'Australien Robbie McEwen (à gauche), et le Français Romain Feillu (à droite).

« Cavendish est le coureur le plus rapide du monde sur les cinquante derniers mètres d'un sprint. » Ce commentaire sans appel émane d'un vrai spécialiste, rival du Britannique, victorieux de onze étapes dans les grands tours, le cycliste italien Daniele Bennati. Et Mark Cavendish d'ajouter : « Je suis un sprinteur à l'ancienne, je suis incapable de gravir une montagne mais, si je suis en tête à deux cents mètres de l'arrivée, personne ne peut me battre. »

Orgueil démesuré ? Arrogance ? Manque de modestie et de lucidité ? Non, pas vraiment. Pour l'avoir côtoyé pendant près de huit ans, en particulier sur le Tour de France, nous devons le reconnaître, Mark Cavendish n'est pas un vantard imbu de sa personne et de son talent. Bien au contraire... Seulement, il possède un vrai caractère de champion, obsédé par la victoire et la course parfaite, oui. Et, en même temps, une susceptibilité et une sensibilité à fleur de peau.

Le « Cav » est un cas. Déroutant souvent, attachant et touchant tout le temps. Ses larmes dans *Vélo Club* au pied du podium de Fougères, le vendredi 10 juillet 2015, après une longue série d'arrivées sans victoire, sont restées parmi les images fortes du Tour de France. La Grande Boucle, son rêve ou plutôt son obsession, depuis son enfance à Douglas, sa ville natale dans l'île de Man.

Un autographe et une photo de David Millar, un coureur britannique, collée sur le mur de sa chambre, quelques images du Tour à la télévision et son destin s'accomplit.

« Je me moque d'être champion du monde juniors, je veux être professionnel et gagner des étapes sur le Tour ! » Mark Cavendish va aller au bout de son rêve. En passant par la piste d'abord, où il sera trois fois champion du monde et médaillé olympique, puis en se lançant avec succès sur la route : Milan-San Remo 2009, le titre mondial en 2011 et trente étapes du Tour de France, dont quatre sur le Tour 2008.

Rage de vaincre, puissance, vélocité, sens tactique et une qualité très personnelle que les spécialistes ont appelée le « double kick » : sa façon particulière de passer une vitesse supérieure alors que tous les coureurs, à cent mètres de l'arrivée, sont déjà à près de 65 km/h. Le bénéfice de séances d'entraînement acharné sur la piste.

Cent cinquante et une victoires pour « the Man of Man », avec presque autant de chutes, dont un fameux gadin collectif à l'arrivée du Tour de Suisse 2010 qui lui a donné la réputation de coureur dangereux; cascade spectaculaire encore dans le Tour 2017, à Vittel, lorsque Peter Sagan le fait tomber, épaule cassée; rechute dans Milan-San Remo 2018; si on ajoute un virus qui le mine depuis plusieurs mois, Mark Cavendish, 34 ans, en baisse de régime, a dû mettre un terme provisoire à sa carrière en 2018. Ses nombreux admirateurs guettent son retour, en attendant, comme dit le film, que le « Cav se rebiffe » !

2010
Sky

Le programme

Photo officielle de l'équipe Sky pour la saison 2010.

Michael Schumacher, le Real Madrid de Zidane, Roger Federer, Rafael Nadal, Sébastien Loeb, le PSG qatari, Miguel Indurain, Lance Armstrong : l'histoire du sport est faite de ces champions qui ont un temps régné sans partage. Les Britanniques de la Sky sont de ceux-là. Et leur parcours prouve que, partis d'une feuille blanche, ils ont su se forger un palmarès en or à la force des jarrets !

Tout commence en 1996 quand, le Royaume-Uni finissant trente-septième au tableau des médailles des Jeux d'Atlanta, le Premier ministre John Major décide de réaffecter les fonds perçus par la loterie nationale (usuellement alloués aux actions caritatives culturelles) au sport de haut niveau, et en particulier aux disciplines avec un haut potentiel de médailles : aviron, athlétisme, gymnastique, natation et cyclisme sur piste. Les premiers résultats arrivent dès les Jeux de Sydney avec quatre médailles, dont l'or pour Jason Queally. La Grande-Bretagne confirme à Athènes avec encore quatre podiums (dont deux titres) puis neuf à Pékin (dont sept titres), neuf à Londres (dont sept titres en dix épreuves), onze à Rio (dont six titres) !

Une métamorphose que l'on doit à un homme, Dave Brailsford, nommé en 2003 directeur de la performance de la British Cycling (la fédération de cyclisme britannique), et à sa méthode des « gains marginaux » : du choix des hôtels à la recherche et au développement des vélos, de la diététique aux textiles innovants, des programmes d'entraînement à l'hébergement des coureurs... Brailsford ne laisse rien au hasard, poussant jusqu'à suivre lui-même les paramètres physiologiques de ses poulains ! Un écran de fumée ou de la poudre aux yeux pour certains sceptiques, du génie pour les supporters.

Contrairement à sa réussite sur la piste, sur la route, le Royaume-Uni vit une traversée du désert symbolisée en 2004 et en 2005 par l'absence de coureurs britanniques sur le Tour... Mais l'immense succès populaire du Grand départ 2007, à Londres, provoque un électrochoc pour la fédération, qui décide de mettre les sujets de sa majesté à la pratique de la « petite reine » : campagnes de pub, création de clubs, rénovation des pistes cyclables, démultiplication des événements cyclistes (championnats du monde de BMX et sur piste, création de la RideLondon, lobbying pour accueillir de nouveau le Tour de France et obtenir l'organisation des championnats du monde sur route...), la liste des initiatives est longue. La clef de voûte est la création d'une équipe cycliste sur route pour l'UCI ProTour, managée par Brailsford *himself* et financée à coups de millions de livres sterling par BSkyB (le puissant opérateur de télévision par satellite britannique, propriété du magnat australien des médias Rupert Murdoch). L'objectif est extrêmement ambitieux : mettre un Britannique sur la première marche du Tour de France d'ici 2014 !

Smart, exigeants et professionnels jusqu'au bout des ongles, Bradley Wiggins, Chris Froome et Geraint Thomas vont tour à tour gagner leurs Tours (six entre 2012 et 2018) démontrant par la pratique la maxime d'Oscar Wilde : « Il faut toujours viser la Lune, car même en cas d'échec, on atterrit dans les étoiles. »

Les fleurons de l'Empire britannique

2012
Victoria Pendleton

Championnats du monde sur piste 2008 : concentration absolue pour la championne britannique en finale de la vitesse individuelle.

Après le fiasco des Jeux d'Atlanta, les années 2000 et 2010 ont été marquées par le retour au premier plan du cyclisme britannique. Que ce soit aux Jeux olympiques ou aux championnats du monde sur piste (avec Chris Hoy, Jason Kenny, Jason Queally notamment) et, depuis 2012, sur route, en particulier sur le Tour de France (avec Bradley Wiggins, Chris Froome et Geraint Thomas), l'impressionnante collection de titres masculins a confirmé le succès d'une stratégie d'investissement initiée par le Premier ministre John Major en 1996. On a tort de croire que les femmes n'en ont pas profité : Nicole Cooke et Victoria Pendleton, dont les palmarès hors normes les ont placées au panthéon du sport britannique, en sont la meilleure illustration.

Sur la route d'abord avec Nicole Cooke, coureuse complète, victorieuse en 2003 et en 2006 de la Coupe du monde sur route, aussi forte dans les courses par étapes (elle a gagné le Giro en 2004 et deux Tours de France, en 2006 et en 2007) que sur les courses d'un jour. Sur les classiques d'abord, où elle a gagné trois Flèches wallonnes (2003, 2005 et 2006) et le Tour des Flandres (2007). Sur les grands championnats aussi : la Galloise, née à Swansea en 1983, a cumulé dix titres nationaux sur route et surtout réussi un exploit que peu de coureurs - hommes et femmes confondus - ont réalisé : devenir la même année (en 2008) championne olympique puis championne du monde sur route ! Sur le circuit de Varèse, en Italie, Cooke avait cuisiné Marianne Vos, sa rivale hollandaise, au terme d'un sprint disputé.

Sprint toujours, mais sur la piste cette fois, avec l'immense Victoria Pendleton. Immense par son palmarès : championne olympique de la vitesse individuelle (2008), championne olympique du keirin (2012), championne du monde de vitesse (2005, 2007, 2008, 2009, 2010 et 2012), championne du monde de vitesse par équipes (2007 et 2008) et championne du monde du keirin (2007). L'Anglaise, quand elle montait sur la piste, était tout simplement imbattable, et nombre de filles se sont éreintées à s'y frotter...

Aux Jeux de Pékin par exemple, Victoria pulvérise le record du monde en qualifications du tournoi olympique de vitesse puis enchaîne les tours sans coup férir. En finale, elle retrouve l'Australienne Anna Meares, dont la simple présence à ce stade de la compétition est une victoire, huit mois après une double fracture des vertèbres. Deux victoires nettes et sans bavure vont suffire...

Pendleton raccroche le vélo après les Jeux de Londres, où elle a gagné en keirin. Début 2013, elle est élevée par la reine Élisabeth II au grade de Commandeur de l'ordre de l'Empire britannique, la plus haute distinction avant l'anoblissement.

Avide de défis, l'Anglaise se lance en 2015 dans les courses hippiques et s'entraîne pour le Foxhunter Chase de Cheltenham, l'une des épreuves les plus réputées. En 2016, elle étonnera beaucoup d'experts en terminant à la cinquième place... « Probablement la plus grande réalisation de ma vie ! » Elle se lance à l'assaut de l'Everest en mai 2018, mais elle doit abandonner à 6400 mètres, à cause des effets de l'hypoxie. Un premier revers dans une vie remplie de victoires, et l'enseignement qu'il vaut mieux parfois renoncer pour revenir plus fort !

2017
Peter Sagan

Sagan célèbre son titre aux championnats du monde sur route 2015.

Peter ça gagne !

Décidément, il ne fait vraiment rien comme les autres coureurs, Peter Sagan. Victoires ou échecs, moments de gloire ou bêtises, le Slovaque est incontrôlable, inclassable, atypique. À l'image de son look, cheveux longs ou ultra-courts, barbe ou moustache, suivant la saison, il surprend, il déconcerte souvent mais reste un garçon absolument charmant qui, aux dires de tous les spécialistes, grâce à son panache, à ses coups d'audace et à ses inventions, fait beaucoup de bien au cyclisme.

Les exemples sont nombreux, en particulier avec les multiples façons dont il a célébré ses victoires, passant la ligne d'arrivée en reproduisant *L'Incroyable Hulk* ou *Forrest Gump*. Spectaculaires aussi, ses *wheelings* (roues arrière) pour terminer les étapes du Tour de France en haute montagne. Ou, plus fort encore, la vidéo de sa fin d'entraînement, où il grimpe avec son vélo directement sur le toit de sa voiture. Sans omettre l'irrésistible clip où il se prend pour John Travolta dans *Grease*, dansant et chantant avec Katarina, son épouse.

Inclassable et déjà une légende dans l'histoire du vélo. Doté de capacités physiques phénoménales (il a cassé plusieurs VTT à l'entraînement dans sa jeunesse) et surtout d'une agilité hors du commun, Peter Sagan a commencé en cyclo-cross, en devenant champion de Slovaquie. À 20 ans, il passe pro et se fait remarquer avec deux victoires d'étape dans Paris-Nice. La suite est une accumulation brillante de succès : des classiques, Tour des Flandres 2016, Paris-Roubaix 2018 ; des étapes du Tour de France, onze, avec à la clef six maillots verts du classement par points (celui du coureur le plus régulier au sprint).

Sagan va réussir un exploit unique, à l'instar d'Alfredo Binda, de Rik Van Steenbergen, d'Eddy Merckx et d'Óscar Freire : il va obtenir trois titres de champion du monde, mais, encore plus fort, il gagne trois années consécutivement, 2015, 2016 et 2017. Du jamais-vu ! On comprend mieux, avec ce palmarès, que sa nouvelle équipe Bora-Hansgrohe lui attribue un salaire annuel de 5 millions d'euros !

Comme le charmant garçon en fait beaucoup, parfois il dépasse les limites. Par exemple sur le podium du Tour des Flandres 2013, où il pince les fesses d'une hôtesse. Il s'excusa juste après. Comme il le fera aussi le 14 juillet 2017 à l'arrivée à Vittel, exclu du Tour de France pour avoir donné un coup de coude à Mark Cavendish (chute et épaule cassée). Le sprinteur britannique, vrai gentleman, ne lui en tiendra pas rigueur en lui répondant : « Classe. Fier de te connaître Peter ! À bientôt l'ami. »

Difficile d'en vouloir à ce champion devenu un temps numéro 1 mondial, et qui continue avec sa franchise et son panache à animer à sa façon le cyclisme moderne.

Infatigable

Médailles, maillots, souvenirs : dans le secret de la championne.

2018
Jeannie Longo

Jeannie Longo. Longo comme longévité : sur le vélo depuis 1978, elle remporte cinquante-neuf titres nationaux, neuf titres de championne du monde sur route, quatre sur piste, un titre olympique, trois Tours de France féminins. Cent quatorze médailles au total, trente-huit records du monde. Jeannie est au zénith durant les années 1990, et elle collectionne les trophées. En 1995 par exemple, championne du monde sur route et en contre-la-montre. Puis le titre olympique en 1996, à Atlanta…

Et la mamie du cyclisme mondial n'a toujours pas raccroché le vélo : en 2018, à 60 ans, elle remporte le championnat du monde Gran Fondo Masters amateurs de contre-la-montre et l'épreuve en ligne (100 kilomètres) dans sa catégorie d'âge (60-64 ans) à Varèse (Italie). Mais… quel est son secret ?

Première réponse, une diététique irréprochable. Jeannie raconte qu'elle avait l'habitude, enfant, de faire les marchés à Annecy avec sa grand-mère paternelle, une Italienne, excellente cuisinière qui savait repérer les beaux légumes. Elle s'est penchée sur l'agriculture biologique dès 1987 parce qu'elle se trouvait grosse et que cela la pénalisait en montagne. Depuis, elle accorde beaucoup de place aux huiles (de lin, de germe de blé, d'olive, de noix). Elle cultive son jardin : sauge, romarin, thym… Des aromates qui agrémentent ses petits plats, essentiellement cuits à la vapeur.

À l'entraînement aussi, Jeannie est pointilleuse. Elle ne laisse rien au hasard et maîtrise tous les paramètres : biologique, physiologique, technique… Mariée à Patrice Ciprelli, ancien skieur devenu son entraîneur-pygmalion, elle forme avec lui un couple fusionnel, dont le cyclisme est le centre de gravité. C'est pour lui que Jeannie a repris la compétition et roule depuis toutes ces années, par pure dépendance, par peur de l'abandon.

Le ciel s'assombrit à la fin des années 2000, quand il se met à miser sur Edwige Pitel : Jeannie s'accroche plus encore… La broyeuse médiatique se met en marche à partir de septembre 2011 : Ciprelli est accusé par un dopé repenti de lui avoir procuré de l'EPO. Il rétorque que ce n'était que pour son usage personnel et à l'insu de Longo. De son côté, Jeannie manque trois fois à ses obligations de localisation entre 2010 et 2011. Malheureuse coïncidence ? En outre, elle ne remplit pas les critères sportifs pour être sélectionnable en vue des JO de Londres 2012.

La Française rate ses premiers Jeux depuis 1984 et s'estime victime d'une cabale de la Fédération. Elle a des idées noires… et elle disparaîtra peu à peu du peloton professionnel.

4 HISTOIRES D'EXPLOITS

1869
Andrew Jenkins

Funambule

Andrew Jenkins au-dessus des chutes du Niagara avec son vélocipède le 28 août 1869.

Au fil des siècles, chaque invention a offert à l'être humain de nouvelles perspectives et des pouvoirs accrus sur son environnement... L'arrivée du vélocipède n'a pas échappé à la règle : mode de mobilité révolutionnaire à l'époque et véritable source d'émancipation, il a permis de reconfigurer les distances et les espaces, ouvrant aux nomades et aux hyperactifs un appétit d'exploration en trois dimensions.

Il y eut les endurants, comme lors du premier tour du monde à vélo, celui de Thomas Stevens, que nous vous racontons en page de droite. Il avait commencé en 1884 par la traversée des États-Unis et poursuivi vers l'Europe et l'Asie. Un parcours total de 21726 kilomètres en deux ans et demi.

Plus farfelue, il y eut aussi la traversée de la Manche à bord d'un vélo amphibie. L'exploit de William Terry. Parti de Londres à bord d'un tricycle, il monta son engin sur deux canoës au port de Douvres pour affronter le détroit du même nom, autrement appelé le « pas de Calais ». Il fallut à Terry vingt heures de traversée contre vents et marées, avant un accueil glacial de la maréchaussée sur le sol français. Les gendarmes croyaient qu'il était un contrebandier ou un passeur ! Terry fut autorisé à poursuivre vers Paris après avoir enduré un beau sermon des forces de l'ordre pour cette « folie »... En 1929, partie depuis Paris, la Française Aimée Pfanner réussira la traversée dans l'autre sens en quatorze heures.

Plus téméraire : la traversée des chutes du Niagara ! Cette rivière entre le lac Ontario et le lac Érié, qui sépare la province de l'Ontario (Canada) de l'État de New York (États-Unis). Une nouvelle mode initiée en 1859 par un certain Blondin, Charles de son prénom (aucun lien de parenté avec Antoine, le célèbre journaliste dont nous faisons le portrait dans cet ouvrage). Folie ou pas, le Français avait projeté de marcher d'une rive à l'autre en équilibre sur une fine corde de chanvre de 330 mètres de long !

Parmi les douze mille spectateurs électrisés par la dangerosité de l'exploit figurait Andrew Jenkins, un jeune Anglais de 15 ans ayant émigré au Canada dans sa petite enfance. Son papa Benjamin, un entrepreneur dans les lignes de chemins de fer, l'avait emmené assister à la tentative du funambule. Une expérience qui marquera l'adolescent à jamais, lui inspirant dix ans plus tard le projet d'accomplir la traversée à vélo !

Jenkins, surnommé « le Professeur », s'était entraîné dur – puisant parmi exercices de Blondin –, d'abord chez lui, dans son jardin, sur une corde tendue entre deux arbres, puis lors d'un pique-nique de son lycée à 15 mètres du sol. Le jour J, le 28 août 1869, deux compères, George Sleeman et Guelph Brewer, se sont occupés de tendre une corde de 10 centimètres de diamètre entre les deux rives. Jenkins s'est chargé du reste... Une traversée de onze minutes qui aura maintenu tout le monde en apnée. Chapeau bas, monsieur le funambule !

Around the world

1884
Thomas Stevens

Thomas Stevens, premier homme à accomplir le tour du monde à vélo, est ici encerclé en Chine par des opposants à la guerre menée par la France contre l'Empire du milieu entre 1881 et 1885.

Cette envie irrépressible de prendre la poudre d'escampette à cheval sur votre bicyclette, de vous extirper de la grisaille et des gaz d'échappement, d'aller voir ailleurs, l'herbe y est peut-être plus verte. C'est sûr, vous l'avez déjà éprouvée au moins une fois. *Around the world*... Un désir entêtant, comme ce tube électro-pop des Daft Punk qui a participé à l'émergence du mouvement musical appelé « la French Touch » (des artistes qui n'ont pas eu à se faire prier pour porter des casques !).

Faire le tour du monde, comme Phileas Fogg, le héros du roman publié par Jules Verne en 1872. Un destin dicté à Thomas Stevens par ses lectures d'adolescent... C'est l'histoire et l'itinéraire hors normes d'un enfant déraciné né en Angleterre en 1854, le soir de Noël. Premier cadeau de la vie : les responsabilités familiales et la maturité. Car le départ de son père (pour fonder une exploitation agricole près de Kansas City, aux États-Unis) l'oblige à devenir le chef de famille à seulement 14 ans ! Cinq ans vont passer avant que la tribu ne franchisse elle aussi l'Atlantique, pour rejoindre papa. Mais les tâches de fermier ne sont pas pour Thomas, qui part à l'Ouest, d'abord comme minier puis comme journaliste. Les histoires, le voyage, les paysages, l'appel du large...

Stevens s'offre un grand bi (un Columbia Standard), un de ces vélos qu'on appelle des *penny-farthing* car la dissymétrie des roues (celle de devant est immense) fait penser aux pièces de monnaies britanniques du même nom. Et, le 22 avril 1884, il part à l'aventure pour traverser les États-Unis d'est en ouest : Thomas remonte la vieille piste de Californie par laquelle deux cent cinquante mille fermiers et chercheurs d'or ont colonisé la côte ouest, il traverse les plaines et les montagnes du Nevada, le Nebraska puis l'Iowa jusqu'à Chicago, il longe les grands lacs vers Cleveland et finit son périple transaméricain à Boston, le 4 août, au bout de cent trois jours. Six mille kilomètres, dont plus d'un tiers à pied à cause de terrains impraticables, avec un paquetage plutôt léger : une paire de chaussettes, une chemise de rechange, un imper en guise de tente, un lit de camp et un Smith & Wesson de calibre 38 (en cas de nécessité, par exemple en croisant sur sa route des... Indiens !).

Après un hiver passé à New York, Stevens décide de poursuivre son *roadtrip* vers l'Europe et l'Asie, non sans quelques désagréments : interdit de passage en Serbie, expulsé à la frontière de l'Afghanistan... En Chine, il est hébergé par des émeutiers ! En revanche, sa réputation l'ayant sûrement précédé à Téhéran, il a été reçu entretemps avec les faveurs du chah d'Iran ! Stevens achèvera son odyssée le 17 décembre 1886 à Yokohama (Japon), consignant dans son carnet de voyage la distance approximative de 13 500 miles (21 726 km). Un exploit considérable car réalisé avec un grand bi sur des itinéraires pas tout à fait carrossables.

En matière de distance, on ira par la suite beaucoup, beaucoup plus loin. Tommy Godwin, notamment, s'infligera en 1939 le défi de rouler 330 kilomètres par jour sans discontinuer durant un an (un seul jour de repos) ! Soit la bagatelle de 120 805 kilomètres, trois fois la circonférence de la Terre...

Urine et boyau

1893 Charles Terront

Charles Terront (portant un maillot à rayures) mène le train devant Jean-Marie Corre lors de leur défi des mille bornes.

L'histoire, celle du sport en particulier, est jalonnée de grandes rivalités. La mémoire collective retient ces moments où l'adversité révèle la force de caractère, le talent et souvent aussi l'ingéniosité. En voici la parfaite illustration en 1893, quasiment à la naissance des courses cyclistes, par l'histoire du match de 1000 kilomètres entre les deux plus grands coureurs français de l'époque.

D'un côté, Charles Terront, né à Saint-Ouen en 1857, le premier vainqueur de Paris-Brest-Paris en 1891. Il avait passé trois nuits (71 heures d'effort) sur son vélo de 21 kilos pour accomplir les 1200 kilomètres de cette course devenue mythique !

De l'autre côté, Jean-Marie Corre, un Breton né en 1864 qui s'était classé troisième. Histoire de replacer les choses dans leur contexte, il faut savoir qu'à l'époque, la mode était aux courses marathon et que les vélodromes faisaient « salle comble » tant le spectacle électrisait les foules. Et Terront contre Corre, c'était comme Armstrong contre Ullrich ou bien Anquetil contre Poulidor !

Corre, dans le rôle du challenger, venait de s'emparer en 1892 du record de Terront sur 1000 kilomètres, un exploit dont le Parisien contestait la régularité. Comme il était de coutume à l'époque pour défendre son honneur, Corre provoqua Terront en duel. La bicyclette en guise d'arme, la piste de la Galerie des machines comme terrain neutre et, pour l'exercice, un match de 1000 kilomètres ! Vendredi 24 février 1893, les fauves sont lancés à 22 heures. Quatre mille curieux dans les tribunes. Après une première heure parcourue à vive allure, les belligérants s'installent dans une guerre des nerfs, ne se quittant pas d'une semelle... L'excitation monte dans les rues de Paris et, très vite, ce ne sont plus quatre mille mais vingt-cinq mille spectateurs qui admirent les offensives de Corre et les répliques de Terront. Tous deux savent que le match se gagnera à l'usure. Manger ? Se rafraîchir ? Les entraîneurs tendent une cuisse de poulet, une éponge humide au passage : pas question de descendre de vélo !

Coup de théâtre, au bout de treize heures, l'inévitable et irrépressible besoin naturel envahit le corps de Corre. L'occasion pour Terront, seul en piste, de boucler quelques ronds à fond les ballons ! Cinq tours au total, un retard que le Breton espère bien combler au moment de la probable pause-pipi de son adversaire. Espoir vain de Corre, Terront ne s'arrêtera jamais. Il augmentera même l'écart et remportera le défi au bout de 42 heures avec près de 8 kilomètres d'avance !

Corre, un peu marri, apprendra le lendemain dans la presse pourquoi son adversaire ne s'était jamais arrêté : pendant la course, Terront urinait dans une chambre à air qu'il avait dissimulée sous sa tenue !

1908
Marie Marvingt

Paris à tout prix

Marie Marvingt, en pleine forme, va relier Nancy et Paris à vélo à l'âge canonique de 80 ans !

Trois heures du matin, lundi 13 juillet 1908, place de la Concorde. Ils sont partis, eux tous devant, et elle derrière. Eux : les cent douze coureurs de la sixième édition du Tour de France. Elle : Marie Félicie Élisabeth Marvingt, née à Aurillac et Lorraine d'adoption, 33 ans. Elle voulait s'inscrire pour courir avec les garçons mais on l'a rejetée. Une histoire de règlement qui aurait dit : « On ne se mélange pas. » En vérité, un petit tour de passe-passe sentant bon le machisme du sport de cette époque.

4507 kilomètres plus loin, après être passés par Metz (territoire allemand en ce temps-là), Lyon, Nice, Toulouse, Bordeaux et Nantes, après avoir franchi le ballon d'Alsace, le col de Porte, le col de Laffrey et l'Estérel, les trente-six rescapés, devancés par Lucien Petit-Breton, le vainqueur, sont arrivés au Parc des Princes. Et Marie Marvingt était toujours derrière eux. Première femme à boucler la Grande Boucle, hors course mais jamais hors de forme.

Certaines mauvaises langues ont dit, comme pour quelques-uns de ses autres exploits, qu'elle avait échoué. Le fameux journal américain *Chicago Tribune*, certain de sa réussite, a quant à lui parlé de « la femme la plus extraordinaire depuis Jeanne d'Arc ». Rosalie Maggio, qui a écrit une superbe biographie de Marie, se demande « comment une femme comme elle a pu être oubliée ». Car il est vrai que Marie Marvingt, dont le surnom était « la Fiancée du danger », mériterait ô combien une vraie gloire nationale digne des trente-quatre médailles qui lui ont été attribuées, et qui font d'elle la femme la plus décorée de l'histoire de France.

Des breloques à foison mais bien peu de renommée pour cette personnalité exceptionnelle qui illustre parfaitement la fameuse maxime de Juvénal : *Mens sana in corpore sano*. Licenciée en lettres, elle était capable de peindre, de dessiner, de sculpter, et son hyperactivité, son enthousiasme l'ont amenée à pratiquer avec réussite un nombre incalculable de disciplines sportives ou aventureuses comme la natation, l'escrime, le tir, le jujitsu, l'équitation, le polo, le ski, l'alpinisme, les airs (où elle s'est révélée pionnière dans l'aviation sanitaire) et enfin le cyclisme.

« À bicyclette j'ai comme tout le monde quelques petites randonnées à mon actif, confiait-elle un jour à un journaliste de *Lectures pour tous*. Nancy-Milan, Nancy-Toulouse, Nancy-Bordeaux et même, à 85 ans, avec son vélo préféré « la Zéphyrine », une petite sortie de Nancy à Paris. Histoire de se dégourdir les jambes… Et Marie parvint à destination avec le sourire !

Le forçat et la forge

En 1922, neuf ans après le fameux épisode de la forge de Sainte-Marie-de-Campan, Eugène Christophe, fourche brisée, se retrouve à pied dans le Galibier.

Imaginez, vous êtes en tête d'une étape du Tour de France et vous allez prendre la tête du classement général ! Au milieu des Pyrénées, sixième étape du Tour 1913, Bayonne-Luchon (326 kilomètres), vous venez de gravir l'Aubisque et le Tourmalet. En une fraction de seconde, tout bascule. La fourche de votre vélo se casse. Vos rêves de victoire envolés !

C'est l'histoire incroyable du malheureux Eugène Christophe, « le Vieux Gaulois » (son surnom, dû à une superbe moustache). Grand champion, il va remporter durant sa carrière, entre autres, Milan-San Remo et Bordeaux-Paris. Deuxième du Tour 1912, juste derrière le Belge Odile Defraye, il se voyait déjà gagner son premier Tour de France. Mais la malchance le rattrape.

« Le Vieux Gaulois » ne se laisse pas abattre par le destin, bien au contraire. Le Belge Philippe Thys, son coéquipier et compagnon d'échappée, est déjà loin. Il gagnera d'ailleurs cette étape et le Tour 1913. Christophe se ressaisit et, vélo sur l'épaule, il descend vers Campan, le village le plus proche sur le parcours. La machine qui pèse près de 15 kilos, les pierres, la poussière, la fatigue, les autres coureurs et les autos qui passent... un vrai chemin de croix de 10 kilomètres. Épisode quasi unique dans l'histoire du Tour. Fourbu mais tenace, le coureur trouve une forge dans le village. Règlement oblige, il doit réparer son vélo tout seul. Des commissaires sont là pour s'en assurer.

Serrurier dans sa jeunesse, le petit gars de Malakoff sait travailler le métal. Le temps passe, l'un des contrôleurs a une fringale. « Si vous avez faim, mangez du charbon ! Je suis votre prisonnier et vous resterez mes gardiens jusqu'au bout ! », lance « le Vieux Gaulois », plus remonté que jamais. Eugène Christophe répare, repart et réussit à rejoindre Luchon à la vingt-neuvième place. Il a perdu du temps (plus de 4 heures), il a perdu le Tour. Il terminera septième à Paris et entrera de plain-pied dans la légende de la Grande Boucle, au milieu de ces coureurs, de ces forçats de la route qui continuent encore aujourd'hui à forcer notre admiration.

1924
Alfonsina Strada

Le Diable en jupon

La cycliste italienne en train de regonfler sa roue arrière (photo prise en 1951).

« Le Diable en jupon », le surnom n'est pas très mignon ! Alfonsina Strada, la première et unique femme à avoir participé au Tour d'Italie au milieu du peloton masculin, mériterait beaucoup mieux... Dans les années 1920 d'ailleurs, le roi d'Italie, lui-même enthousiasmé par les performances de « la Strada » s'est permis de lui envoyer un énorme bouquet de fleurs et une somme de 5000 lires pour l'encourager et lui rendre hommage. *Grazie per lei, maestà* (« Merci pour elle, majesté ») !

La vie d'Alfonsina a été marquée par sa passion du vélo. Née dans une famille paysanne à Castelfranco Emilia, entourée par neuf frères, elle voit son destin se dessiner pour une histoire de poules. Son père, discutant avec le médecin du village, lui propose d'échanger sa vieille bicyclette contre trois ou quatre gallinacés. Marché conclu, avec son vélo, la jeune fille est aux anges, pour des promenades d'abord puis des courses ensuite. Elle gagne même un cochon vivant qu'elle rapporte un dimanche soir à la maison.

Passion du vélo pour Alfonsina, passion tout court pour un coureur amateur avec qui elle va se marier et s'installer à Milan : Luigi Strada. Cadeau de mariage : une évidence, un vélo de course flambant neuf qui provoqua chez madame Strada une envie irrépressible de compétition.

D'abord, le 4 novembre 1917, elle se retrouve au départ du fameux Tour de Lombardie. Seule femme parmi les cinquante-quatre concurrents masculins... 204 kilomètres plus loin, elle termine dernière, loin du vainqueur, le Belge Philippe Thys, mais elle finit la course et force le respect de tout le monde. Sept ans plus tard, Alfonsina va faire encore plus fort. Emilio Colombo, le directeur de *La Gazzetta dello Sport*, le journal qui organise le Tour d'Italie, est très fâché contre les grands coureurs de l'époque, les Bottecchia, Pélissier et même Thys, car ils demandent de l'argent pour s'engager dans le Giro. Pour relancer l'attention sur la course, il propose à Alfonsina de faire le Tour d'Italie : ainsi, le 10 mai 1924, pour la première et la dernière fois, une femme se lance dans le Giro, dont le vainqueur sera l'Italien Giuseppe Enrici.

Le dossard 72 d'Alfonsina est devenu cette année-là la grande attraction, d'autant plus que « la Strada », avec son courage habituel, fait plutôt bonne figure. Malheureusement, au cours de la septième étape, en montagne dans des conditions climatiques épouvantables, elle tombe et s'abîme un genou ; elle réussit à terminer l'étape à Pérouse mais se retrouve hors délais. Elle ira quand même au bout de son Tour d'Italie. Performance exceptionnelle pour cette femme passionnée au nom prédestiné : *strada* signifie « route » en italien !

1956
Fiorenzo Magni

Pour l'amour du maillot

Tour d'Italie 1956 : victime d'une fracture de la clavicule, Magni continue la course en serrant une lanière de cuir entre les dents ! Histoire d'étouffer sa douleur et de mieux tenir le guidon.

On peut reprocher beaucoup de choses aux cyclistes : le dopage, la corruption, la triche... Mais on ne peut leur enlever une indiscutable qualité : ils sont durs au mal ! Premier exemple sur le Tour 2018 avec Lawson Craddock, victime d'une fracture de l'omoplate dès la première étape. Le visage rouge de sang, il refuse l'abandon et se lance un défi : il ouvre une cagnotte en ligne et y verse 100 dollars à chaque étape supplémentaire pour soutenir le vélodrome de ses débuts. Lanterne rouge de la première à la dernière minute de ce Tour, l'Américain ira au bout de lui-même, le genre de *stories* dont les internautes raffolent et qui les motivera à pousser le compteur bien plus haut que Lawson ne l'aurait imaginé !

Quinze ans plus tôt, Tyler Hamilton, l'ancien lieutenant de Lance Armstrong, a réussi à gagner une étape et à finir quatrième du classement général avec une double fracture de la clavicule gauche, qu'il a supportée durant quatorze étapes du Tour 2003 !

On se souvient aussi, sur le Tour 2011, de l'image spectaculaire de Johnny Hoogerland projeté dans les barbelés à cause du dépassement maladroit d'un véhicule logistique de la télévision française. Voeckler était parti conquérir le maillot jaune pour dix jours de rêve, Hoogerland dut serrer les dents pour finir le Tour avec trente-trois points de suture...

Les coureurs pros abhorrent l'idée de l'abandon. À plus forte raison lorsqu'ils portent le maillot jaune. Si dur à conquérir, si prestigieux à posséder. Sur le Tour 1983, les sept jours en jaune du Français Pascal Simon auraient dû être un rêve, ils furent un calvaire. Le coureur de Peugeot s'était fracturé l'omoplate dans les Pyrénées alors qu'il étrennait sa première tunique dorée. Un Graal qui s'honore et se respecte. Une pénitence pour Simon qui ne posa pied à terre que lorsque Fignon l'eut enfin rattrapé et dépassé au classement.

De l'autre côté des Alpes, pour les Italiens, il y a le pape, la Squadra azzurra, Ferrari et... le maillot rose. Le sain dessein des Coppi, Bartali, Binda, Nibali... Inutile de vous faire un dessin : tout le monde ne jure que par *la maglia rosa*.

L'exploit de Fiorenzo Magni en est la plus belle preuve. Triple champion d'Italie, triple vainqueur du Tour des Flandres et surtout triple vainqueur du Giro, au sommet de son art dans la première moitié des années 1950, Magni était le troisième homme du cyclisme italien (derrière Coppi et Bartali). Un coureur d'un courage hors normes, un « gaillard » comme disent les rugbymen, qui s'épanouissait dans la difficulté, la neige, le froid, les pavés... Le goût de la souffrance jusqu'à l'excès, avec en point d'orgue le Giro 1956 où, vainqueur sortant, il se cassa la clavicule lors de la douzième étape et décida de poursuivre en serrant entre les dents un boyau qu'il avait noué à son guidon. Magni allait réussir l'authentique coup de force de finir deuxième du général, derrière Charly Gaul !

Rien ne l'effraie

Abrité derrière une moto, Meiffret défie les lois de l'aérodynamique. Son immense plateau est à quelques millimètres au-dessus du sol.

1962

José Meiffret

Depuis la nuit des temps, l'être humain n'a eu de cesse de se battre contre ses limites, élaborant des outils toujours plus perfectionnés pour aller plus haut, plus vite, plus fort. Exemple concret avec l'histoire de José Meiffret, à la conquête du record de vitesse à vélo.

Premiers faits d'armes en 1899 : à vélo comme en voiture, on affronte le mur des 100 km/h. Sur une piste à Achères, l'ingénieur belge Camille Jenatzy, au volant de la « Jamais contente » (un véhicule électrique !), est le premier à franchir la barrière des 100 km/h à bord d'une voiture, nous le racontons dans *Les 100 Histoires de légende du sport automobile*. À vélo, l'Américain Charles Murphy atteint 101,6 km/h abrité derrière une locomotive sur le Long Island Rail Road. Après le pionnier, les conquérants : dans les années 1920, derrière moto d'abord, à l'autodrome de Montlhéry, le Belge Vanderstuyft et les Français Brunier, Blanc-Garin et Paillard se disputent le record à coups de km/h : à toi à moi, 112,44 puis 115,098 puis 128,205... En 1937, l'Américain Albert Marquet taquine les 140 km/h derrière une voiture à Los Angeles. L'année suivante, Alfred Letourneur reprend le record à Montlhéry derrière moto (147 km/h) puis frappe un grand coup en 1941 (175 km/h derrière une voiture à Bakersfield, États-Unis). C'est une bombe atomique dans le monde du vélo ! Va-t-on un jour pouvoir faire mieux ?

José Meiffret en est convaincu. Petit gabarit de 1,62 m pour 59 kilos, Meiffret ressemble plus à un grimpeur colombien qu'à un rouleur belge. Et pourtant, Henri Desgrange, qui se prit d'amitié pour le jeune Français, l'encouragera dans une voie a priori contre nature : « Essayez donc les courses derrière moto, mon garçon. Vous pourriez vous étonner vous-même. »

Il n'en fallait pas tant pour que Meiffret se jette à corps perdu dans son projet de devenir l'homme le plus rapide du monde à vélo. Il cédera même son commerce pour financer ses tentatives ! Et, à force de travail, en 1951 à Montlhéry, à l'abri d'une Formule 1 (la Talbot-Lago T26C), il dépasse d'un cheveu les 175 km/h de Letourneur. L'année suivante, il s'attaque au vieux record de l'heure derrière moto de Vanderstuyft et chute à 130 km/h sous les yeux médusés du public de l'autodrome. Tout le monde le croit mort, il s'en sortira miraculeusement malgré cinq fractures du crâne. Dix ans plus tard, preuve de son obstination, Meiffret que rien n'effraie franchira à 49 ans la barre des 200 km/h (204,778 km/h) dans le sillage d'une Mercedes 300 SL sur une autoroute allemande... Avis aux connaisseurs, le Français affublé du surnom de « Gagarine du vélo » enroulait un développement de près de 18 mètres avec un plateau de... 130 dents !

Les rois du surplace

1964

Pierre Trentin et Giovanni Pettenella

Championnats du monde de Milan 1962 : Pierre Trentin en compagnie de son entraîneur, Louis Gérardin. Le Français obtiendra le bronze en vitesse individuelle.

« La vie, c'est comme une bicyclette, il faut avancer pour ne pas perdre l'équilibre. » Voici le précieux conseil qu'Albert Einstein, le prix Nobel de physique (en 1921 pour sa lumineuse théorie de la relativité), avait suggéré en 1930 à son fils Eduard, âgé de 20 ans.

Centrifuge ou gyroscopique, certains n'ont que faire des forces à l'origine de la stabilité de la bicyclette. Et, parmi ces cyclistes réfractaires aux lois de la physique, au Japon, nous vous proposons Tsugunobu Mitsuishi. En 1965, le Tokyoïte de 39 ans s'est amusé à tenir 5 h 25' immobile sur son vélo ! Drôle de record, un peu inutile, alors qu'en compétition, sur la piste, le « surplace » fait partie de la tactique.

François Pervis, Grégory Baugé, Bryan Coquard, Arnaud Tournant, Félicia Ballanger, Florian Rousseau, Gérard Quintyn, Daniel Morelon, Pierre Trentin... Des gloires d'hier aux talents d'aujourd'hui, la liste est longue, car le cyclisme sur piste olympique est une véritable tradition française. Avec l'escrime et le judo, c'est l'une des disciplines historiques dans lesquelles nos champions brillent de génération en génération. Comme si, pour le cyclisme français, l'anneau de la piste était l'un des anneaux olympiques ! Mariage de l'explosivité et de la finesse, de la rage et de la concentration. Discipline pour équilibristes sans airbag. On ne compte pas les gnons, les échardes et les brûlures. À la course aux points, au keirin, on frotte, on culbute, et ça pique ! À la vitesse, on se jauge, on s'impressionne, on bluffe !

Pour illustrer notre propos, voici ce qui s'est passé à Tokyo en 1964. À l'époque, les yeux sont rivés sur Pierre Trentin, champion du monde et immense favori de l'épreuve de vitesse individuelle. Duel en deux manches gagnantes, avec départ arrêté. Le Français est opposé en demi-finale à Giovanni Pettenella, et leur première manche va nous offrir un spectacle absolument surréaliste !

Oui, surréaliste pour le grand public, passionnant pour les connaisseurs. L'Italien prend la tête et roule au ralenti. À la fin du premier tour, il s'immobilise en haut de la piste pour tester les nerfs du Français. Trentin accepte le défi et vient se coller à lui. Aucun ne veut prendre la responsabilité de lancer le sprint. Les rivaux se toisent et pensent à l'or, immobiles. Pas un ne pose le pied. Ils vont tenir la position durant vingt-deux minutes ! Les muscles se tétanisent. Épreuve d'équilibre, mais aussi de force. Relance de l'Italien, le Français passe et gagne.

Deuxième manche et deuxième cas d'école : Trentin sera déclassé après avoir joué des coudes dans le sprint. L'Italien remporte la troisième manche puis l'or en finale. Et, pour le bronze, le Français va battre son ami et compatriote Daniel Morelon, avant de décrocher l'or en tandem à Mexico.

1980

Bernard Hinault

Un temps de chien

Météo dantesque sur la doyenne des classiques en 1980. « Le Blaireau » peste, mais il ira gagner en solitaire à Liège sous la neige !

Dans l'histoire du cyclisme, il y a les « monuments » et leurs bâtisseurs, ces coureurs hors normes qui ont édifié leur légende en marquant de leur empreinte les cinq classiques majeures du calendrier : par ordre de création, « la Doyenne » (Liège-Bastogne-Liège, 1892), « l'Enfer du Nord » (Paris-Roubaix, 1896), « la Classique des feuilles mortes » (le Tour de Lombardie, 1905), « la Primavera » (Milan-San Remo, 1907), le « Ronde » (le Tour des Flandres, 1913). Seuls trois coureurs – belges – ont réalisé l'exploit de toutes les remporter au cours de leur carrière : Roger De Vlaeminck, Rik Van Looy et Eddy Merckx « le Cannibale », qui compte dix-neuf victoires sur ces « monuments », dont sept rien que sur Milan-San Remo !

Sur le papier, 298 kilomètres séparent Milan de San Remo, ce qui en fait la classique professionnelle la plus longue du cyclisme moderne. Une course qui célèbre l'arrivée du printemps, période où fleurissent les primevères, d'où le surnom... Mais de printemps, en mars 1910, pour la quatrième édition de l'épreuve, il n'y en eut point. Un froid sibérien, plutôt ! On annonçait même vingt centimètres de neige au sommet du Turchino. Soixante et onze coureurs au départ, quatre à l'arrivée et un vainqueur français : Eugène Christophe ! « Le Gaulois », pourtant connu pour être dur au mal, avait dû trouver refuge dans une auberge, victime de crampes à l'estomac, les muscles engourdis, les mains tétanisées. Des vêtements secs, la chaleur d'un feu de bois, une couverture, une goutte de rhum remirent le Français en selle, et Christophe repartit le couteau entre les dents pour franchir la ligne après 12 h 24' d'enfer, et avec 1 h 17' d'avance sur le deuxième ! Exploit titanesque et, surtout, épreuve physique qui lui coûta la bagatelle d'un long mois d'hôpital...

Bernard Hinault, par son style et son caractère, était de cette trempe-là. L'année 1980 le prouve avec deux exemples, d'abord les conditions dans lesquelles il a remporté le championnat du monde à Sallanches, considéré comme l'un des plus durs de l'histoire. La météo et les vingt répétitions de la côte de Domancy, courte (3 km) mais abrupte (8 % de moyenne et des passages à 15 %), avaient permis au « Blaireau » d'écrémer le peloton (quinze coureurs à l'arrivée).

Et, surtout, la soixante-sixième édition de Liège-Bastogne-Liège. Une édition exceptionnelle par la rudesse de la météo, en plein mois d'avril. La neige tombe à gros flocons, le froid transperce les muscles. Cent coureurs abandonnent dans les deux premières heures. Même Hinault y songe ! Mais Cyrille Guimard, son directeur sportif, lui intime l'ordre de retirer son imper. Idée saugrenue, suicidaire ? Au contraire ! Idée de génie, qui va forcer Hinault à pédaler pour se réchauffer ! Ni une ni deux, Hinault rejoint l'échappée et part seul à 80 kilomètres de Liège. Il finira avec 9' d'avance ! En souvenir, des gelures lui ont insensibilisé deux doigts. Il nous racontera même qu'il avait dû prendre un bain glacé pour atténuer la douleur d'un choc thermique...

1985

Giuliano Calore

Haut les mains !

Sans guidon et sans freins, Calore joue les funambules dans la descente du Stelvio.

Funambules d'un jour, nous avons tous - à un moment donné - tenté d'impressionner nos copains en roulant sans les mains ! Le buste redressé, fiers, le menton relevé et le regard vigilant, prêts à rattraper le guidon à la moindre déviation... Avec l'expérience, les coureurs y sont habitués, notamment dans les zones de ravitaillement pour enfiler la musette. Et que dire des « porteurs d'eau » qui glissent jusqu'à huit bidons sous leur maillot et les remontent à leurs équipiers...

Funambule d'un jour, funambule toujours, Giuliano Calore mérite un vibrant hommage pour la maestria avec laquelle il sait piloter son vélo... sans les mains ! Une pratique un peu farfelue et surtout extrême du cyclisme, avec pour terrain de jeu le Stelvio, ce géant des Dolomites aux 2758 mètres et aux quarante-huit lacets. Monstre de roche et bien souvent aussi de neige quand, en mai, le Giro ose l'affronter. Le Stelvio s'est offert en premier à Fausto Coppi. Le « Campionissimo » qui, en 1953, sut exploiter sa difficulté au service de sa cinquième victoire au général. Un prix - « la Cima Coppi » - honore depuis les coureurs qui passent le col en tête.

Même montagne mais copie beaucoup moins académique pour Giuliano Calore, qui a marqué l'histoire du vélo avec treize records dans le *Guinness* ! Le premier coup de chaud de Calore date de 1981, avec l'idée saugrenue de monter puis de descendre le Stelvio en jouant successivement de quatre instruments de musique ! Soit un lest de 33 kilos ! Équilibriste mais pas seulement, en 1984, l'Italien enchaîne quatorze cols des Dolomites et 330 kilomètres en 13 heures et, la même année, il se hisse au sommet du Stelvio à la seule force de la jambe droite en 1 h 36'.

En 1985, il descend ce géant des Dolomites à tombeau ouvert en 27'01'' à 80 km/h de moyenne (petit rappel, si nécessaire : sans guidon et sans freins !). Comment fait-il ? Pour diriger son engin, Calore déplace son centre de gravité ; pour gérer la vitesse, d'abord il maximise sa prise au vent en restant droit comme un « i », ensuite il freine en frottant la roue arrière avec son talon droit.

L'Italien était non seulement agile mais également très bon grimpeur, et il allait le prouver en 1989 en gravissant les 1848 mètres de dénivelé du Stelvio en 1 h 17' (7,4 % de pente moyenne et des pointes à 12 %), battant à cette occasion de quatre minutes le record d'Hinault, quand « le Blaireau » avait conquis le Giro 1980 !

En 2015, le Padouan, âgé de 77 ans, se remettait en selle pour une nouvelle expérience : comme l'indiquait le titre du documentaire *48 Tornanti di Notte*, Calore avait réussi une nouvelle descente des quarante-huit lacets du Stelvio, sans guidon, sans frein et de nuit !

2013

Rousseau, Tournant, Baugé, Pervis…

Jeux de Pékin 2008, épreuve de vitesse par équipes : Grégory Baugé, Kévin Sireau et Arnaud Tournant rapporteront une médaille d'argent en France.

Les pistes stars

Thank you Buffalo Bill! Sans doute que sans vous, les coureurs français spécialistes de la piste ne régneraient pas sur cette discipline du cyclisme depuis plus de cent vingt ans…

On le sait, la bicyclette est particulièrement à la mode à la fin du XIXe siècle, non seulement comme moyen de transport mais également comme distraction, en allant admirer les champions au plus près. Les compétitions sur piste obtiennent un succès considérable et les vélodromes fleurissent partout. À Courbevoie d'abord (en 1891) puis à Levallois (en 1894), avec le vélodrome de la Seine (une piste de 500 mètres en pavés de bois), au bois de Vincennes aussi, avec la fameuse Cipale (1895).

L'un des lieux les plus renommés demeura pendant longtemps la piste en ciment de la porte Maillot, avec ses 333 mètres : le vélodrome « Buffalo » (créé en 1893), un nom donné en souvenir des spectacles réalisés sur place par le colonel William Cody, dit « Buffalo Bill ». Buffalo et son directeur atypique, l'écrivain humoriste et homme de théâtre Tristan Bernard (qui a inventé la cloche « tintinnabulant » pour prévenir du dernier tour)… C'est là que se produisent les plus grands champions de l'époque avant de se retrouver à partir de 1932 sur la piste rose en ciment du Parc des Princes et sur la boucle en bois du légendaire Vélodrome d'Hiver (le Vél d'Hiv), jusqu'à sa fermeture en 1959. Privés d'un vrai vélodrome permanent dans la capitale, les pistards se réfugient entre-temps à l'Insep (l'Institut du sport, au bois de Vincennes) avant, enfin, de retrouver un stade capable d'accueillir les plus grandes compétitions à Saint-Quentin-en-Yvelines.

Des mythiques Six-Jours aux courses impressionnantes de demi-fond derrière des motos, en passant par les compétitions de poursuite ou de vitesse, les Français ont souvent été parmi les meilleurs du monde. Incontournable par exemple, Michel Rousseau, surnommé « le Taureau de Vaugirard », capable de grossir de 10 kilos en hiver et de devenir champion olympique de vitesse en 1956. L'or en tandem en 1964 à Tokyo pour le fameux duo Pierre Trentin-Daniel Morelon, emmené au sommet par un entraîneur de génie : « Toto » Gérardin.

Piste aux étoiles devenue étincelante pour les Tricolores avec leurs successeurs, guidés par un Florian Rousseau dix fois champion du monde et champion olympique du kilomètre à Atlanta en 1996. Vélo d'or français décerné par *Vélo Magazine* en 2001, Arnaud Tournant, le Nordiste, obtient quatorze titres de champion du monde et l'or olympique en 2000, avant d'être suivi par Grégory Baugé, « le Tigre », neuf fois champion du monde, Kévin Sireau, trois titres mondiaux, et François Pervis, plutôt spécialiste du kilomètre, un Mayennais qui, après avoir essayé les courses sur route, le VTT et le cyclo-cross, a bien eu raison de choisir la piste. Le 6 décembre 2013, au Mexique, il a pulvérisé le record du kilomètre en 56"303 et a parcouru le 200 mètres lancé en 9"347 ! Records du monde !

2014

François Gissy

Les rêves de l'homme-fusée

L'Alsacien, réacteur allumé, en train de décoller pour un nouveau record de vitesse.

« À moto ou en scooter, sans équipement complet, vous risquez d'y laisser votre peau! » Un slogan diffusé par la Sécurité routière en 2014 qu'on pourrait suggérer aux cyclistes, tant les vitesses atteintes en descente ou en sprint sont vertigineuses... En la matière, Kévin Réza, le coureur de la FDJ, reconnaît qu'il s'est fait peur à... 135,44 km/h dans la descente du col du Simplon sur le Tour de Suisse 2017! En cas de chute, les brûlures et les écorchures sont le tarif syndical; les fractures (la clavicule en particulier), la cerise sur le gâteau!

Coudières, dorsale, genouillères, bottes, du cuir de la tête aux pieds et un casque intégral. Équipement digne de Valentino Rossi pour François Gissy, un cyclo qui s'est mis dans la tête de battre le record de vitesse à vélo. Sans emploi mais habité par son projet, l'Alsacien a mis ses économies et tout son cœur à l'ouvrage, imaginant et développant avec le Suisse Arnold Neracher un vélo propulsé par une fusée. Et, le 19 mai 2013, sur une ancienne piste militaire à côté de Mulhouse, Gissy est chronométré à 263 km/h!

L'exploit est parvenu jusqu'à la rédaction d'*Automoto*, qui décide de suivre cet allumé du guidon et organise courant 2014 un duel contre une Ferrari 430 Scuderia sur la ligne droite du mythique Castellet. Au volant, Éric Hélary, un pilote chevronné. Durant le reportage, il témoignera avoir été soufflé par l'accélération du vélo. Et pour cause, en actionnant l'interrupteur, le peroxyde d'hydrogène est envoyé à 35 bars vers un catalyseur, et sa décomposition génère instantanément un geyser de vapeur d'eau à 600 °C équivalant à 500 chevaux! La poussée est phénoménale. Dure pour la nuque, dure pour les bras, François est tracté à l'horizontale dans la position de Superman! Dans la voie d'à côté, la Ferrari (un monstre de 650 chevaux capable d'accélérer de 0 à 100 km/h en moins de 4 secondes) semble à l'arrêt!

Au bout de la ligne droite, amusé par sa performance, Gissy retire le casque et annonce aux caméras de TF1 qu'il va dépasser les 300 km/h lors d'un second *run*! Aussitôt dit aussitôt fait, l'Alsacien s'accroche à son rêve, l'accélération est fulgurante (il passe de 200 à 300 km/h en une seule seconde) et la vitesse de pointe affichée par son GPS est incroyable : 333 km/h!

Fourmillant de projets, Gissy ambitionne alors de dépasser les 400 km/h en deux secondes grâce à de la vapeur d'eau de pluie! Les premiers tests sont prometteurs : la poussée de 5 *g* est violente et le prototype atteint les 100 km/h en 0,55"! Hélas, on ne saura jamais si son rêve était réaliste, Gissy trouvant la mort en plein entraînement le 5 mai 2018, à bord de son « trike » expérimental. Un aller sans retour de l'homme-fusée vers les étoiles...

2016
Alessandro Zanardi

L'ancien pilote de Formule 1 en plein effort lors de l'épreuve contre la montre des Jeux paralympiques de Rio 2016.

La seconde chance

Alessandro est mort sept fois et, sept fois, il est revenu à la vie. Sept fois, son cœur s'est arrêté de battre et, sept fois, il est reparti… D'abord grâce à l'énergie des espoirs d'une équipe médicale au chevet du champion, et grâce, surtout, à la formidable envie de vivre de Zanardi… Véritable phénix, il a voulu une deuxième chance, il aura une deuxième vie…

La première vie d'Alessandro Zanardi, en Italie, on ne s'en souvient guère… Bon pilote de karting, vice-champion du monde de F3000 en 1991, il connaît ensuite une carrière assez anonyme en F1, chez Jordan, Minardi et Lotus. L'Italien s'exile aux États-Unis, dans le championnat CART, où il remportera douze victoires et le titre de champion en 1997 et en 1998. « CART », pour « carton plein » donc, et pour « gros carton » aussi…

Le 11 septembre 2001, à New York, les tours jumelles sont pulvérisées par les terroristes d'Al-Qaïda ; le 15 septembre 2001, sur le circuit du Lausitzring, les jambes de Zanardi sont sectionnées par la monoplace d'Alexandre Tagliani (*tagliare* signifie « couper » en italien), venu le percuter de travers à 320 km/h. Zanardi a perdu le contrôle de sa voiture en quittant les stands après un dernier ravitaillement. Il était en tête, il restait treize tours à parcourir…

Les jambes du malheureux Italien, sous la violence du choc, ont explosé à mi-cuisses. Il se vide de son sang et n'a bientôt plus qu'un litre de vie dans le corps… Cela ne peut en être autrement, il va mourir ! Il reçoit l'extrême-onction… Son cœur s'arrête sept fois… Pourtant, Zanardi va s'en sortir au prix de quinze opérations chirurgicales.

Première étape de la reconstruction, une voiture adaptée offerte par son épouse. Zanardi retrouve de l'autonomie et un sens à la vie, il veut même piloter de nouveau et se lance dans une carrière en voitures de tourisme ! Côté symbole, les organisateurs du championnat CART lui font un joli cadeau en l'invitant en mai 2003 pour boucler les treize tours qui lui manquaient. Émotion totale au Lausitzring…

Le phénix prendra vraiment son envol à partir de 2007 : inspiré par les exploits de Clay Regazzoni, l'Italien tente le marathon de New York à vélo à mains qu'il finit quatrième sans véritable préparation et qu'il remporte quatre ans plus tard… Coup de cœur et nouvelle carrière, Zanardi va collectionner les titres : deux de champion du monde en 2013 et en 2014 et, surtout, deux doublés olympiques, à Londres en 2012 et à Rio en 2016 (à l'âge canonique de 50 ans), sur le contre-la-montre individuel et la course en ligne ! Ajoutez à cela deux top 300 au milieu des valides dans le mythique Ironman d'Hawaï en 2014 et en 2015 !

Zanardi, son handicap en a fait un superhéros : il aura collectionné plus de médailles olympiques que de points en F1 ! Une seconde vie réussie…

2017
Éric Barone

Roue à bâtons à l'avant et roue lenticulaire à l'arrière, un casque de cosmonaute, des ailettes derrière les mollets et une combinaison en Lycra enduite de polyuréthane : Éric Barone n'a rien d'un cycliste du dimanche !

Dré dans l'pentu

Petite pensée pour nos amis savoyards qui se plaignent parfois des « monchus dré dans l'pentu » (traduction : les citadins qui skient droit dans la pente). À vélo aussi, il arrive à certains de ne pas vouloir s'embarrasser des virages ! C'est l'histoire d'Éric Barone, le conte du « Baron rouge », tyran des compteurs de vitesse… Adrénaline garantie !

Né en 1960 à Oyonnax, dans l'Ain, Barone débute comme pisteur dans la station voisine de Lélex et pratique le VTT de descente en compétition. Dans la discipline, un autre Français excelle, Christian Taillefer, champion du monde en 1991 à La Bourboule. Trois ans plus tard, c'est un duel perdu contre un snowboard sur une piste de ski qui entraîne Taillefer sur le terrain des records, avec comme gage le défi d'un tout schuss à toute berzingue sur la piste du kilomètre lancé des Arcs. Première marque établie à 147 km/h !

L'exploit fait parler dans le milieu et attire la curiosité de Barone qui, très vite, met le pied à l'étrier, ou plutôt à la pédale ! « Le Baron rouge » va croiser le fer avec Taillefer à coups de kilomètres/heure… À toi à moi, Barone et Taillefer se chipent le record : d'abord sur un VTT de série puis, dès 1995, avec un prototype. Taillefer atteint 178 km/h en 1995, Barone lui répond en 1996 avec 200 km/h. En 1998, Taillefer file sur la piste de Vars et accélère à 212,139 km/h. Barone reste aux Arcs et, en 2000, il augmente la mise de 10 km/h.

« Le Baron rouge » : un surnom donné à Barone pour la couleur de sa combinaison en polyuréthane d'un carmin éclatant, qui rappelle le rouge vif de la carrosserie du Fokker triplan de Manfred von Richthofen, le plus grand aviateur qu'ait connu l'armée allemande, l'as des as, vainqueur de quatre-vingts combats aériens et abattu au-dessus de la Somme durant la Première Guerre mondiale.

Car il arrive toujours un moment où un champion tombe au combat… Ce fut le cas en 2002 pour Barone, parti au Nicaragua sur le volcan du Cerro Negro pour s'emparer du record de vitesse sur terre. Barone atteint 172,661 km/h lorsque, soudainement, la fourche de son vélo part en éclats ! Vol plané et roulé-boulé, le « Baron rouge » perd son casque. Petit pépin et gros bobos : traumatisme crânien, un fémur et six côtes cassés, deux épaules arrachées ! Le Français mettra dix ans à revenir au VTT, enchaînant entre-temps les cascades au cinéma pour Rémy Julienne et tentant avec succès de courir le 100 mètres en moins de dix secondes sur les pentes de ce même volcan.

Sur le tard, Barone reviendra peu à peu à ses premières amours. La piste de Chabrières, à Vars, avec ses 98 % de déclivité, ses 2 400 mètres de ligne droite, et puis les records : 2015 d'abord, pour dépasser de 1 km/h sa marque de 2000, et mars 2017 enfin, à 56 ans, pour la fixer à 227,72 km/h.

Plus haut, plus vite, plus fort

2017

Rick Koekoek

Hollandais volant, Rick Koekoek nous gratifie d'une figure très aérienne.

Commençons par nous remémorer une citation à propos des performances sportives d'un célèbre homme de lettres qui, contrairement à Jean Giraudoux ou Paul Morand, n'était pas un passionné de sport, mais dont les mots ont fait mouche : « Battre les records, écrit François Mauriac, c'est l'idée fixe d'un véritable sportif et il y a là comme une usurpation par le corps de cette vocation spirituelle du chrétien : se dépasser soi-même. » L'histoire par exemple du record de l'heure en cyclisme est édifiante à propos de cette envie permanente au fil des décennies de se surpasser pour faire mieux, pour battre les records. La première grande question est la réglementation, car qui dit performance comparable dit respect des mêmes règles (organisation et matériel).

Le premier record de l'heure a été établi par l'Anglais James Moore en 1873, avec un vélocipède. Mais la première performance officiellement reconnue comme un record de l'heure a été réalisée vingt ans plus tard par celui qui créera le Tour de France, Henri Desgrange. Le 11 mai 1893, sur la piste du vélodrome Buffalo, il parcourt 35,325 km à bicyclette.

Fausto Coppi, Jacques Anquetil, Eddy Merckx pour les garçons, Jeannie Longo (entre autres) pour les femmes amélioreront ce record. D'ailleurs, en 2019, la meilleure performance UCI dans l'heure chez les femmes est encore la possession de Jeannie, avec 48,159 km, tandis que, côté masculin, le Britannique Chris Boardman reste le plus fort après avoir parcouru 56,375 km en 1996 dans la position de Superman (les bras très en avant), avec un vélo conçu spécialement pour l'occasion. En revanche, c'est avec un vélo classique que Robert Marchand, à plus de 105 ans, a établi son record en janvier 2017 : 22,547 km.

Un vélo, une piste, une heure : l'équation reste classique depuis plus d'un siècle. En revanche, les originaux, plus téméraires, plus audacieux, plus forts ont réussi des records vraiment étonnants. Par exemple l'Autrichien Thomas Kaltenegger qui, en 2014, a parcouru 24,20 km en équilibre sur la roue arrière. Rick Koekoek, cycliste néerlandais, s'est fait remarquer avec un bond de 1,44 m au-dessus d'une barre tandis que le Polonais Krystian Herba a grimpé 2 755 marches à vélo ! Le record féminin est établi par Monica Guzman Naranjo, la Colombienne qui a réussi la performance de gravir 1 025 marches dans un hôtel.

Record encore avec un tour du monde à bicyclette pour l'Allemande Juliana Buhring : 29 069 kilomètres en 152 jours, du 23 juillet au 22 décembre 2012, départ et arrivée à Naples, en Italie. Le tour du monde le plus rapide - toujours l'idée de se surpasser - est pour Alan Bate, avec 125 jours de Bangkok à Bangkok. Des performances publiées, au grand bonheur de leurs auteurs, dans le fameux *Guinness World Records*.

En revanche, peu de gloire pour cet Américain de 90 ans, Carl Grove, champion des États-Unis sur piste dans sa catégorie d'âge et contrôlé positif à un stéroïde anabolisant. Record du dopé le plus âgé, il en fallait un. Comme le disait l'inénarrable Pierre Dac : « J'ai toujours été surpris qu'un record battu ne se soit jamais plaint ! »

2017
Vittorio Brumotti

Free rider

L'Italien, champion du monde en trial, s'offre une roue arrière au-dessus d'une falaise vertigineuse dans le Grand Canyon (Arizona).

Au fil des générations, l'histoire du sport nous propose des diamants bruts. Ils sont rares mais leur génie, leur intuition, leur sens du geste juste font de ces êtres des délices suprêmes... Au football, Zidane pour ses passes lumineuses et Ronaldinho pour ses dribbles imprévisibles, au tennis, Federer pour son élégance, en Formule 1, Senna au-dessus de l'eau... Virtuoses absolus, ils ont fait de leur discipline un art. D'autres ont décidé de s'affranchir des compétitions pour créer leur propre terrain de « je » et le raconter en images sur Internet : Ken Block et ses dérapages contrôlés, Candide Thovex en hors-piste, Guillaume Néry en apnée vers les abysses... Le voyage vers la liberté, un monde sans limites et sans repères. Le domaine des *free riders*...

Le milieu du cyclisme n'échappe pas à la règle avec par exemple, chez les descendeurs, des fous de vitesse comme le Français Éric Barone (recordman du monde de vitesse sur neige) ou son challenger, l'Autrichien Markus Stöckl qui, en janvier 2018, à 43 ans, a dévalé la mythique piste de la Streif de Kitzbühel avec son VTT, atteignant lors de sa descente une vitesse de pointe de 106 km/h !

En trial, une discipline de franchissement d'obstacles en milieu naturel ou artificiel, certains spécialistes se sont émancipés des compétitions traditionnelles pour mettre en scène leurs prouesses aussi spectaculaires qu'artistiques.

Souvent précurseur en la matière, la marque Red Bull diffusait en juin 2013 une publicité réalisée en collaboration avec Danny MacAskill. Frontflips, flairs, 360 backflips, l'artiste évoluait au milieu de modules rappelant les jouets et l'univers de son enfance. Deux ans de travail et presque dix-huit mois de tournage, mais un résultat saisissant !

Côté français, Aurélien Fontenoy, champion du monde de trial, s'amusait en 2017 à affronter avec son vélo Bastien Auzeil, treizième du décathlon olympique de Rio ! 110 mètres haies, saut en longueur, lancé de javelot et saut en hauteur, quelques duels partagés avec le sourire !

Enfin, avec Vittorio Brumotti, on tutoie l'excellence. Depuis son titre de champion du monde (de trial) en 2006, l'Italien est passé dans une autre catégorie. Il compte à son actif dix records inscrits dans le *Guinness World Records*, dont en 2012 l'ascension à vélo de la tour Burj Khalifa, à Dubaï, en 2 h 20'. En 2015, dans une vidéo tournée pour son sponsor, Tinkoff, le champion de trial s'échappe de son groupe et part jouer les équilibristes avec les installations de la station de Livigno : rambardes en bois, piscine, tapis de course, tremplins et virages relevés d'une piste de descente, toit d'un chalet... Brumotti est un Yamakasi sur deux roues !

Plus fort encore, l'Italien remet ça deux ans plus tard au bord des falaises du Grand Canyon, en Arizona. Semblant faire fi du vide, il rebondit de rocher en rocher comme si c'étaient des modules dans une compétition de trial. Il surfe sur la cime de la montagne, et l'à-pic de chaque côté est vertigineux. Une situation qui nous remémore une parole de notre guide de haute montagne, le jour où nous traversions le glacier de Tête Rousse lors de notre ascension du mont Blanc en famille : « Si tu tombes c'est la chute, si tu chutes c'est la tombe ! »

2018
Denise Mueller-Korenek

17 septembre 2018, dans le désert de Bonneville (États-Unis) : Denise Mueller-Korenek, à l'abri du vent dans le sillage d'un dragster, va tutoyer la barre des 300 km/h à vélo !

Lady dragster

Un peu plus tôt dans le livre, en 1962, nous avions laissé José Meiffret sur une autoroute à Fribourg en train d'atomiser le mur des 200 km/h à l'abri d'une « Flèche d'argent ». Vitesse atteinte au bout de 11 kilomètres d'accélération.

Toujours plus vite, toujours plus loin… C'est par la suite aux États-Unis, dans le désert de sel de Bonneville, que les prétendants au record organiseront leurs tentatives. Immense étendue saline vierge de toute aspérité. Les cyclistes auront le temps de prendre leur élan, bien abrités derrière des voitures au moteur survitaminé.

Avec 223,116 km/h (1973), Allan Abbott est le premier de ces nouveaux rois du désert… En 1985, John Howard (vainqueur de l'Ironman d'Hawaï en 1981) pousse jusqu'à 245,077 km/h. Une vitesse difficilement concevable, à laquelle le moindre imprévu peut être dramatique.

Ce fut le cas pour le Hollandais Fred Rompelberg. Hollandais volant… en éclats ! Lors de sa tentative, en 1988, comme les autres dans le désert de Bonneville, il est à plus de 231 km/h lorsqu'une queue de poisson de l'auto de son poisson-pilote le sort brutalement de la bulle de protection. Rompelberg retrouve la résistance de l'air comme un boxeur reçoit un uppercut. La sanction est immédiate : énorme gamelle et vingt-quatre fractures ! La facture est salée ! Tenace comme l'avait été José Meiffret, Rompelberg reviendra à Bonneville en 1995 pour atteindre 268,831 km/h calé derrière un dragster ! Un dragster qui, avec 800 chevaux sous le capot, fait parler sa puissance pour tutoyer les 300 km/h.

Un doux rêve réalisé par… une femme ! Dans un sport, le cyclisme, où d'ordinaire l'écart physiologique empêche toute comparaison entre femmes et hommes, Denise Mueller-Korenek s'est emparée le 17 septembre 2018 du record de vitesse à vélo sur plat et derrière abri. Comme Valentina Greggio à ski, les femmes tiennent enfin la dragée haute aux hommes !

Âgée de 45 ans au moment de relever son défi (elle a repris le vélo vingt ans après une carrière junior prometteuse riche de treize titres nationaux), Denise s'entoure de John Howard et s'inspire de ce qui a fait le succès de Rompelberg : un dragster comme abri, un vélo dessiné pour garantir la stabilité à très haute vitesse (une géométrie de moto « chopper »). Et une transmission dédoublée (deux fois 62 x 12) qui permet à l'Américaine de parcourir 39 mètres par coup de pédale tout en moulinant en moyenne à 110 tr/min. Oublié donc le plateau gigantesque comme celui de José Meiffret : les 130 dents du Français risquaient à tout moment de rayer le plancher ! Au plus fort de son effort, Denise a maintenu 700 watts pendant plus d'une minute et atteint la vitesse ahurissante de 296 km/h !

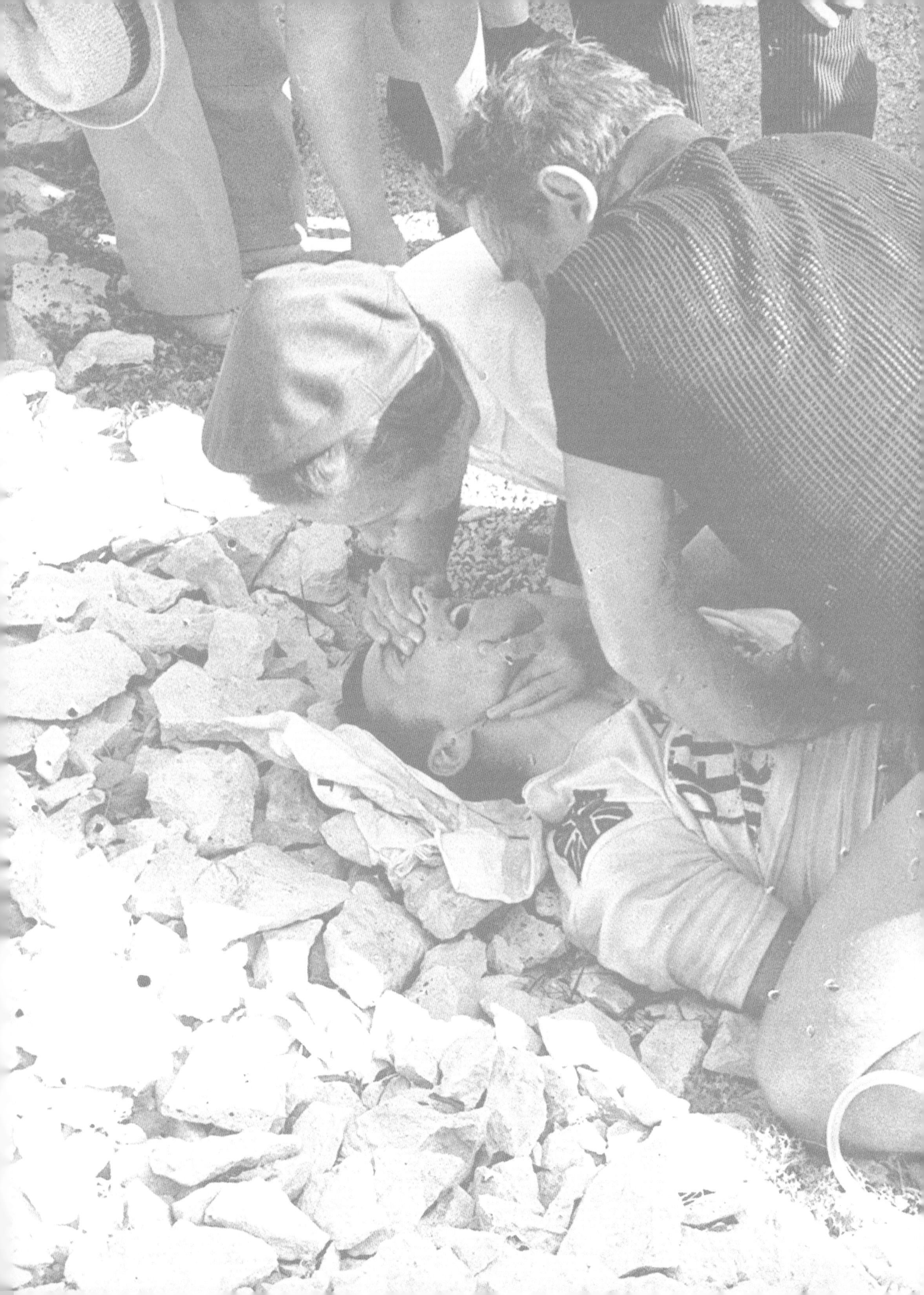

5 DRAMES ET TRAGÉDIES

1896

Arthur Linton

Ci-contre : Arthur Linton (à gauche), Jimmy Michael (au centre) et Tom Linton (à droite) aux côtés de leur entraîneur Choppy Warburton au milieu des années 1890.
Ci-dessous : un extrait du fameux document du docteur J. Bayard.

Pour la course de vitesse voici quelques bonnes formules que je recommande volontiers :

Caféine	1 gr.
Benzoate de soude	2 gr.
Arséniate de soude	0 gr. 01 c.
Eau distillée	60 cent. c.

***

Sulfate de strychnine	0 gr. 01
Teinture de kola	3 gr.
Teinture de coca	3 gr.
Sirop de sucre	60 gr.

A prendre en deux fois à dix minutes d'intervalle.

***

Teinture de noix vomique	2 gr.
Hypophosphite de soude	0 gr. 50
Extrait fluide de kola	3 gr. 50

A prendre dans une tasse de café ou une demi infusion de thé sucré.

Dans quelques cas, on pourra obtenir des résultats remarquables avec la médication hypodermique, c'est-à-dire les piqûres. Il faudra surtout s'attacher à trouver une synergie médicamenteuse qui puisse agir rapidement sur tous les organes et n'être pas nuisible.

La formule la meilleure, tout à fait indolore, et d'une extraordinaire activité, est celle-ci qui s'emploie à la dose d'un centimètre cube sous forme de Neuroplasma.

Cacodylate de magnésie	0 gr. 025
Cacodylate de soude	0 gr. 025
Glycérophosphate de soude	0 gr. 025
Cacodylate de strychnine	0 gr. 004
Caféine	0 gr. 015
Benzoate de soude	0 gr. 015

Arthur et la potion magique

Incroyable mais vrai : juillet 1913, dans la très officielle revue mensuelle illustrée de l'Union vélocipédique de France, un médecin, le docteur J. Bayard, énumère très précisément les produits dopants qu'il faut prendre pour se préparer aux courses cyclistes. « Pour la course de vitesse, voici quelques bonnes formules que je recommande volontiers :

- Caféine 1 gr.
- Benzoate de soude 2 gr.
- Arséniate de soude 0 gr. 01 c.
- Eau distillée 60 cent. c.
- Sulfate de strychnine 0 gr. 01
- Teinture de kola 3 gr.
- Teinture de coca 3 gr.
- Sirop de sucre 60 gr.

[...]
Dans quelques cas, on pourra obtenir des résultats remarquables avec la médication hypodermique, c'est-à-dire des piqûres. [...] En revanche, l'alcool sous forme d'eau-de-vie, de cognac, de rhum, de marc est tout à fait nocif. Rappelons simplement l'histoire de Petit-Breton, double vainqueur du Tour de France 1907 et 1908, qui dans un Bordeaux-Paris perdit la course alors qu'il était en tête à Dourdan, pour avoir absorbé du champagne ! » Document stupéfiant découvert dans un grenier par l'ami de Tarbes, collectionneur de vélos anciens, Marco Lebreton.

Arsenic, strychnine, café, cola, une sorte de « Dopage, mode d'emploi » très officiel. Arthur Linton, dix-sept ans plus tôt, n'a pas eu besoin apparemment d'un docteur pour choisir les produits qui allaient le conduire à la mort. Son entraîneur, Choppy Warburton, à la réputation particulièrement sulfureuse, s'en est chargé. Il connaissait toutes les formules magiques permettant à ses coureurs de battre des records et de gagner des grandes courses.

Le jeune Gallois, qui était sous sa coupe, en a profité : record du monde du 100 kilomètres à 22 ans puis, le 24 mai 1896, une victoire très prestigieuse dans Bordeaux-Paris. Course marquée par des incidents prémonitoires : Linton, extraordinairement excité, chute à plusieurs reprises, casse son vélo, parcourt 10 kilomètres à pied avant qu'un coéquipier ne lui passe sa bicyclette. Le vélo n'est pas à sa taille, peu importe, il fonce vers Paris, il a vingt minutes de retard sur le Français Gaston Rivière. Linton va le rattraper en quelques kilomètres, et ils seront déclarés vainqueurs ex æquo.

Deux mois plus tard, Linton mourra à 24 ans, officiellement de typhoïde, probablement pour avoir absorbé une surdose de triméthyle (combinaison de caféine et d'éther). Son cœur n'a pas résisté. Arthur Linton, premier cycliste mort du dopage.

Le Tour mort-né ?

1904

Garin, Pothier, Aucouturier...

Maurice Garin, vainqueur du premier Tour de France, au cœur de la polémique l'année suivante.

« Le Tour de France est terminé. Il sera mort de son succès. » Voici comment, sans détour, Henri Desgrange, le père fondateur du Tour, annonce dans les colonnes de *L'Auto* (son journal) la fin prématurée de son rêve éveillé. À peine deux éditions et déjà un large panel de magouilles et de coups fourrés... De la déception pour Desgrange, de la colère et même la menace de tout arrêter...

Mercredi 1er juillet 1903, 15 h 16. Ils sont soixante coureurs rassemblés devant le café Le Réveil Matin, à Montgeron, au départ de la première étape du premier Tour de France : Paris-Lyon, 467 kilomètres. Une des plus longues de l'histoire de la Grande Boucle, remportée par Maurice Garin en 17 h 45'44''. Moyenne de 27,280 km/h. Première étape, premières magouilles : on raconte que certains coureurs, non contents de s'accrocher à d'autres vélos, se laissaient traîner derrière les autos ou même grimpaient dans une voiture le temps de se refaire une santé ! Pire encore quand les commissaires de course – qui, pour devancer les meilleurs, avaient pris le train en direction de Lyon – se retrouvent nez à nez à la gare avec des concurrents qui remontent en selle pour rejoindre l'arrivée !

Maurice Garin, le vainqueur de ce premier Tour, était passé près de la disqualification pour avoir frappé son coéquipier Fernand Augereau dans l'avant-dernière étape. Coups de poing, coups de gueule... rien à côté des événements invraisemblables qui vont se produire l'année suivante.

La domination de Garin agace et, dans la deuxième étape Lyon-Marseille, des bandits de grand chemin, pour favoriser la victoire de leur champion, le Stéphanois Alfred Faure, vont monter un vrai guet-apens dans le col de la République. Insultes, coups de bâton, on lance des pierres, les coureurs chutent, la panique est générale ! Des coups de revolver sont tirés pour effrayer les assaillants !

Plus au Sud, du côté de Nîmes, le Tour affronte un début d'émeute. Les spectateurs en furie ont peu goûté l'exclusion de Dortignacq et Payan, leurs champions locaux (pour avoir été assistés). Ils se ruent sur les coureurs et les autos suiveuses. Coups de poing et de bâton, jets de pierres. Mêlée indescriptible. L'armée est obligée d'intervenir et, là encore, il faut des coups de feu en l'air pour se dégager !

Trop c'est trop : à la fin du Tour, Desgrange déclasse les quatre premiers (Maurice Garin, Lucien Pothier, César Garin et Hippolyte Aucouturier) et menace un temps de tout arrêter, avant de se raviser deux mois plus tard... Et, en 1905, dès la première étape, entre Meaux et Châlons-sur-Marne, le Tour subit de nouveaux attentats : les coureurs roulent sur des milliers de clous. Des crevaisons par centaines, sauf pour certains (Cornet, Pottier, Aucouturier, Trousselier, Petit-Breton)... On n'a jamais trouvé les coupables, en revanche, quelques coureurs expliquaient – sous le manteau – qu'on leur avait conseillé, entre tel et tel kilomètre, de rouler bien à droite sur la chaussée. Petits vices pour éviter les clous ?

1911
Paul Duboc

La pomme empoisonnée

Paul Duboc se fait « tamponner » par un commissaire à un point de contrôle.

Du poison dans un bidon que l'on donne à l'un des favoris du Tour pour se débarrasser de lui ! Il ne s'agit ni d'un roman d'Agatha Christie ni d'un film d'Alfred Hitchcock, mais bien de la réalité. « La Pomme », c'est le surnom de Paul Duboc, excellent coureur qui a terminé quatrième du Tour en 1909, en gagnant la treizième étape Brest-Caen de 415 kilomètres.

Pendant le Tour 1911, il est en super forme. Vainqueur de la huitième étape entre Marseille et Perpignan, il récidive le mardi 18 juillet avec une victoire entre Perpignan et Luchon. Bref, le fameux « la Pomme » est mûr pour commencer à inquiéter Gustave Garrigou, le premier du classement général. Garrigou roule pour la marque Alcyon, Duboc pour La Française. La rivalité est terrible, tous les coups sont permis !

Justement, le jeudi 20 juillet, c'est la fameuse étape Luchon-Bayonne, avec les géants des Pyrénées à escalader. Paul Duboc a la socquette légère ce jour-là. Henri Desgrange, le patron du Tour de France, qui le suit en voiture dans l'ascension du Tourmalet, écrit : « Ses bielles tombaient droit, sans effort, dans un mouvement harmonieux et facile ; le buste n'était pas contorsionné ; aucun mouvement déplaisant, une facilité de marche déconcertante ! »

Le neuvième Tour de France est en train de se jouer. Soudain, coup de théâtre ! Juste après le col d'Aubisque, Duboc prend un bidon et, quelques secondes plus tard… il fait un malaise. Desgrange, qui vient de le rattraper, décrit : « Je trouvai Duboc à un tournant de route, dans d'affreux hoquets, pris de nausées qui le rendaient verdâtre, atteint d'une diarrhée terrible et de vomissements douloureux… Je flairai moi-même un bidon qu'il avait à côté de lui, et qui me parut ne pas sentir l'odeur du thé… »

« La Pomme » mit plus d'une heure à s'en remettre. Le mal était fait, tous les meilleurs l'avaient dépassé, et Duboc avait perdu le Tour. Gustave Garrigou, deux fois deuxième du Tour (1907 et 1909), termina cette fois premier à Paris.

Bidon, poison, passions, champions, etc. C'est l'histoire du Tour, où parfois, pour gagner, tout est bon.

Forçats de la route

1924
Les frères Pélissier

Albert Londres, au premier plan à gauche, en compagnie des frères Pélissier et de Maurice Ville, pour le « grand déballage ».

Coutances, juin 1924 : Albert Londres, journaliste vedette du *Petit Parisien*, interroge les frères Pélissier. États-Unis, janvier 2013 : Oprah Winfrey, présentatrice à la télévision américaine, écoute les aveux de Lance Armstrong. Quatre-vingt-neuf ans entre ces révélations qui ont bouleversé l'histoire du vélo. Le point commun entre ces deux événements ? À chacun sa vérité, selon ses intérêts.

Albert Londres, grand reporter et grande plume d'un grand journal, n'était pas un grand spécialiste du Tour de France. Malgré son expérience, il avouera avoir facilement « gobé » le tableau apocalyptique que les frères Pélissier avaient dressé du Tour et de la condition des coureurs cyclistes ce jour-là.

La fameuse expression « les Forçats de la route » (Albert Londres revenait d'un reportage au bagne de Cayenne) va marquer l'histoire du vélo, les mots employés par les Pélissier aussi. Il y avait évidemment du vrai dans cet acte d'accusation, dans ce coup de gueule des vedettes du peloton qui avaient une nouvelle fois décidé d'abandonner, pour une histoire de maillots et de règlement. Une sorte de règlement de comptes, et, comme pour Lance Armstrong, c'était leur vérité.

« Vous n'avez pas idée de ce qu'est le Tour de France, dit Henri, c'est un calvaire... » De son sac, il sort une fiole : « Ça, c'est de la cocaïne pour les yeux, ça, c'est du chloroforme pour les gencives. Et les pilules ? Vous voulez voir les pilules ? » Ils en sortent trois boîtes chacun... « Bref, dit Francis Pélissier, nous marchons à la dynamite ! Vous ne nous avez pas encore vus au bain, à l'arrivée. Payez-vous cette séance, la boue ôtée, nous sommes blancs comme des suaires, la diarrhée nous vide, on tourne de l'œil sous l'eau. [...] On n'est pas des fainéants, mais au nom de Dieu, qu'on ne nous embête pas. [...] Je m'appelle Pélissier et non Azor ! »

Les frères Pélissier en ont fait des tonnes ce jour-là au Café de la gare. Beaucoup de choses étaient vraies, d'autres moins. Le récit reste un monument. Rarement un article a fait autant parler de lui, et on en parle encore aujourd'hui.

1930
Alfredo Binda

Primes time

Alfredo Binda, au sommet de sa forme, anime le Tour 1930 avec Charles Pélissier. Le Français (à droite) va d'ailleurs rafler la bagatelle de huit étapes cette année-là !

Il est reconnu comme manager de la sélection italienne pour avoir mené Bartali et Coppi à la victoire dans le Tour, mais on sait peut-être moins qu'Alfredo Binda fut l'un des *campionissimi* de l'entre-deux-guerres. Traduction : un athlète avec des dons exceptionnels, nettement supérieur à ses adversaires, à la fois pour le nombre de victoires obtenues et pour la notoriété.

L'apprenti plâtrier avait un surnom, « le Grimpeur assis »; à ce propos, René Vietto disait de Binda que s'il courait avec un verre de lait sur le dos, il n'en renverserait pas une goutte! Avec ce style efficace et une énorme capacité thoracique (8 litres), Binda a fait une razzia sur les grandes courses de l'époque : deux Milan-San Remo, quatre Tours de Lombardie, trois titres mondiaux et, surtout, une domination sans partage sur le Giro, avec cinq victoires au général (1925, 1927, 1928, 1929 et 1933) et quarante et une victoires d'étapes! Une supériorité telle qu'en 1930 les coureurs, menaçant de ne pas prendre le départ du Giro, ont poussé les organisateurs à négocier sa non-participation contre l'équivalent de la prime de victoire (22 500 lires), un délire!

À l'inverse, aujourd'hui, c'est presque « tout pour le Tour et les miettes pour le Giro »! Les Transalpins obligés de faire des pieds et des mains pour accueillir les cadors. Mission accomplie en 2018 avec la présence et la victoire de Froome. « Le Kenyan blanc » devenu rose après une échappée solitaire de 80 kilomètres, renversant la course à deux jours de l'arrivée à Rome! Envers du décor : il s'est dit que le patron du Giro, Mauro Vegni – qui le nie fermement – aurait déboursé 2 millions d'euros pour faire venir la star.

Inédites sur les grands tours, ces primes d'engagement sont en revanche usuelles sur les « cricris », les critériums d'après Tour, ces courses de villages (Castillon-la-Bataille, Lisieux, Quillan par exemple) qui veulent se payer les animateurs de l'été. Entre 500 et 8 000 euros, selon le coureur. De l'argent de poche, en fait. Car si les néo-pros perçoivent entre 30 000 et 40 000 euros de salaire annuel, les cracks sont millionnaires : avant sa retraite, Cancellara touchait 2 millions, Contador près de 3. Aujourd'hui, Nibali en perçoit 4, Sagan 5, et la palme pour Froome, avec 6 millions d'euros! Entre les deux, les équipiers de haut niveau touchent 150 000 euros et les vainqueurs de classiques sont cotés à 1 million. Devenir millionnaire en remportant un « monument du cyclisme », ça peut donner des idées, notamment à Alexandre Vinokourov qui, pour gagner Liège-Bastogne-Liège en 2010, est accusé d'avoir négocié la reddition de son camarade d'échappée, le Russe Kolobnev.

1934

Roger Lapébie

La cruauté des lois

Roger Lapébie et Jean Majerus en tête du Paris-Roubaix 1939.

Il faut le reconnaître, sous couvert de vouloir préserver une certaine équité et une pureté dans la performance sportive, les fédérations et les organisateurs des grandes courses ont parfois fait preuve, au choix, de cruauté ou de stupidité. S'entêtant à s'opposer aux innovations, s'obstinant contre des pratiques plus évoluées et plus adaptées à l'effort.

Premier exemple avec l'histoire qui a construit la légende d'Eugène Christophe lorsque, sur le Tour 1913, « le Vieux Gaulois » brise sa fourche dans la descente du Tourmalet et marche jusqu'à la forge de Sainte-Marie-de-Campan, vélo sur l'épaule, pour la réparer lui-même... Bien évidemment sous l'œil des commissaires de course, qui ont veillé à ce qu'il ne bénéficie d'aucune assistance.

« La règle, c'est la règle! » Bête et méchante, cette loi dictée par l'Union vélocipédique de France (créé en 1881), l'ancêtre de la Fédération française de vélo. Les coureurs ont interdiction de changer de machine et n'ont droit à aucune aide extérieure. Christophe perdra quatre heures dans la bataille et toute chance de gagner le Tour 1913...

Deuxième exemple le mercredi 10 juillet 1929 dans l'étape Luchon-Perpignan, longue de 323 kilomètres où, sous les yeux d'Henri Desgrange, Victor Fontan, qui vient la veille de conquérir le maillot jaune, va casser sa fourche en chutant dans un caniveau, en pleine nuit, 9 kilomètres après le départ. Le coureur palois repart à pied puis, 6 kilomètres plus loin, accepte le vélo d'un garagiste... Voyant s'évanouir ses rêves en jaune, il a certainement perdu les pédales, car emprunter le vélo d'un autre, c'est interdit par le règlement! Le malheureux renoncera au 151e kilomètre...

Desgrange, lui encore, patron omnipotent, freinera des deux pieds contre l'utilisation du dérailleur jusqu'à son remplacement à la direction de l'épreuve par Jacques Goddet, en 1936. En 1937, tous les coureurs, du vainqueur (le Français Roger Lapébie) à la lanterne rouge, se montreront plus rapides que le vainqueur du Tour précédent!

Heureux sur le Tour, malheureux sur les pavés, Roger Lapébie justement, victime de ces règles qui bafouent parfois l'esprit du sport. « Le Pétardier » (son surnom) s'est sans doute « mis en pétard » à l'arrivée du Paris-Roubaix 1934. La course est balayée par un vent violent, sa victoire le sera aussi : alors qu'il mène avec Gaston Rebry et Jean Wauters à 7 kilomètres de l'arrivée, Lapébie crève de la roue arrière au pire des moments. Impossible de réparer : la voiture de son directeur sportif est coincée par un accident! Pas le choix, Lapébie doit emprunter le vélo d'un spectateur dans l'urgence. Le premier qu'il trouve est dépourvu de dérailleur. Il en trouve très vite un autre avec ce fabuleux système. Il se met dans le rouge et rejoint le duo dans les deux derniers kilomètres avant de régler l'histoire au sprint sur le vélodrome de Roubaix! Un véritable exploit vite effacé, car Lapébie est disqualifié pour « changement de vélo non autorisé ». Sa victoire lui est retirée au profit de Gaston Rebry.

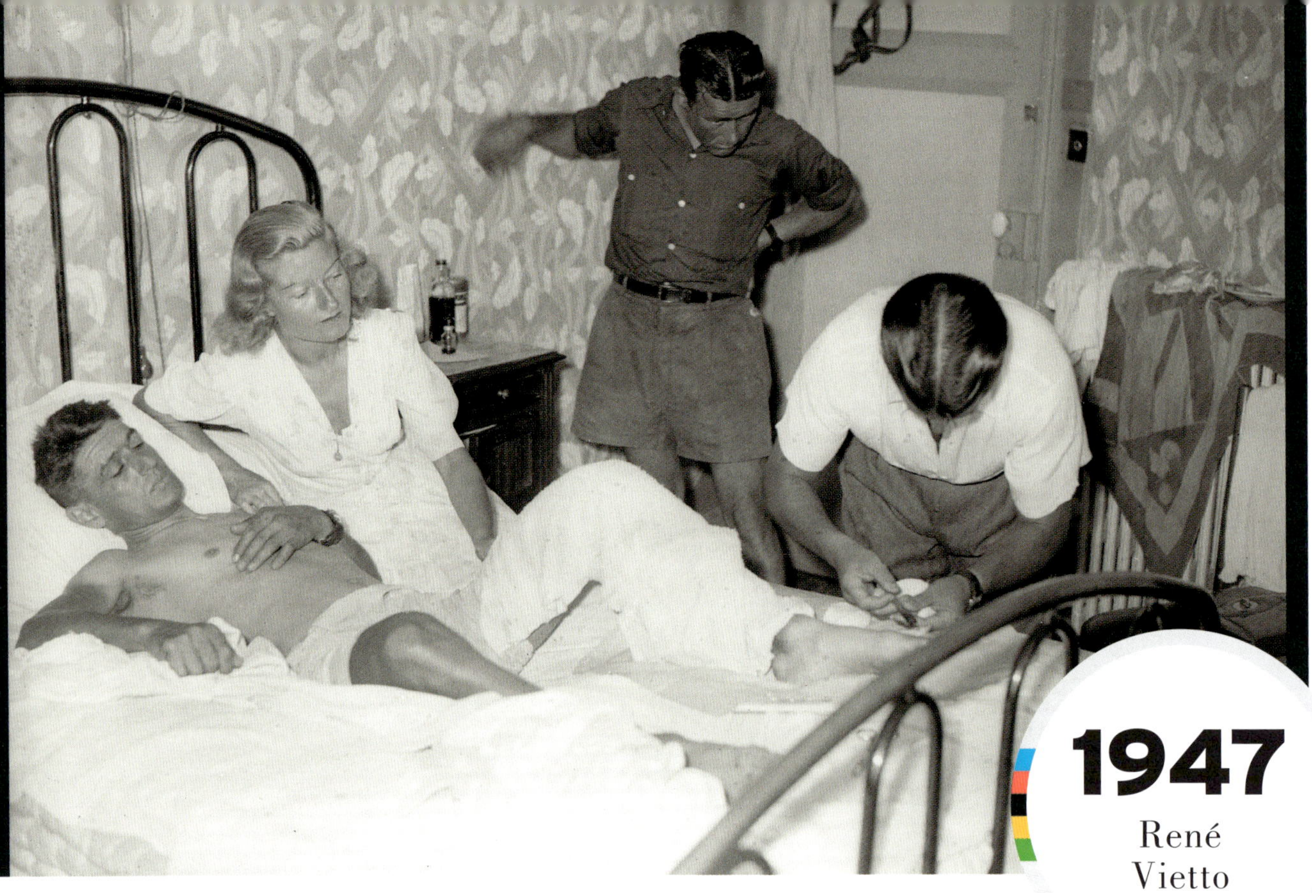

1947
René Vietto

Tour de France 1947 : on soigne le fameux doigt de Vietto.

Loyauté et sacrifice

Le cyclisme est un sport individuel qui se pratique en équipe, et ceux qui ont, au moins une fois dans leur carrière, levé les bras le savent : de Paris-Roubaix au Tour de France, honneur aux vainqueurs et indifférence pour leurs équipiers.

Anquetil, Merckx, Hinault, Coppi, Bartali, Armstrong, Wiggins, Froome... Aucun d'entre eux, aussi forts soient-ils individuellement, n'aurait pu gagner seul contre tous. Il leur fallait une armada de soldats au service exclusif de leur majesté. Vrai pour les grands tours, vrai pour les courses d'un jour aussi. Cavendish, Sagan, Cipollini, Kittel, Zabel, Boonen, Cancellara, qui ont tous collectionné les étapes et les classiques, peuvent dire merci à leurs loyaux équipiers, généreux du boyau et de la pédale.

La force du collectif au service de la victoire : en plaine, les équipiers qui s'échinent pour rattraper les échappés et préparer le sprint final ; en montagne, l'armée du Maillot jaune qui imprime un tempo d'enfer pour damer le pion aux adversaires. Des soldats qui s'effacent un à un une fois que leur tâche est accomplie, pour ne laisser que la garde rapprochée au moment de la dernière difficulté.

Et puis l'art du sacrifice individuel aussi, pour mettre son leader sur orbite ou le secourir, le protéger, l'encourager même en cas de besoin. Lui offrir un bidon, une roue, l'aider à revenir dans le peloton. Un dévouement culturel et hiérarchique qu'il est de coutume de gratifier : à la fin des grands tours, les primes touchées (victoires, maillots distinctifs...) sont partagées entre les équipiers. Juste renvoi d'ascenseur car, en général, les écarts de rémunération entre le leader et ses *gregari* sont considérables.

Un coureur dans l'histoire du Tour symbolise cet esprit de sacrifice intimement lié au cyclisme de haut niveau : René Vietto, deuxième du Tour 1939, l'un de ces « perdants magnifiques » comme Poulidor ou Virenque que le public français affectionne. Bon grimpeur, le jeune Cannois connaît sa première sélection à 20 ans sur le Tour 1934, dans l'optique de soutenir Antonin Magne. Soutenir et secourir, surtout... D'abord dans la descente du col de Puymorens (15e étape entre Perpignan et Ax-les-Thermes), quand il propose sa roue à Magne qui vient de casser sa jante en bois. Le lendemain, Vietto, à l'attaque dans le col des Ares, se résigne à faire demi-tour pour offrir son vélo à Magne, victime d'un saut de chaîne dans la descente du Portet-d'Aspet ! Le jeune René mange son pain noir mais affirme qu'il ne jouera « pas indéfiniment les esclaves »...

Treize ans plus tard, la roue a tourné, à Vietto le patron d'éprouver la loyauté de ses équipiers. Légende ou pas (Chris Froome la cite dans sa biographie), Vietto, obligé de s'amputer un orteil à cause d'une infection mal soignée, aurait demandé à son équipier Apo Lazaridès, de réputation crédule, de l'imiter pour mesurer les sacrifices exigés pour mériter le Tour de France ! Vietto finira le Tour 1947 à la cinquième place, Lazaridès à la dixième... à deux doigts de la victoire !

Problème d'aiguillage

1949

André Mahé

Paris-Roubaix 1949 : à l'arrivée, André Mahé est félicité par Paul Le Drogo, son directeur sportif.

On utilise souvent dans nos commentaires la métaphore du « train » : le train (pour caractériser le tempo imposé en montagne par les équipiers du porteur du maillot jaune), la locomotive (celui qui mène le peloton avant l'emballage final)...

Il y a des situations où l'évocation n'est pas qu'une métaphore. Par exemple en 2006, où un passage à niveau situé à 10 kilomètres de l'arrivée provoqua une véritable situation de crise sur le Paris-Roubaix. Pas pour Fabian Cancellara (parti seul à 19 kilomètres de l'arrivée, il allait gagner en solitaire sur la piste en ciment du vélodrome roubaisien), mais pour ses poursuivants (deux trios : Peter Van Petegem, Vladimir Gusev et Leif Hoste pour le premier ; Tom Boonen, Juan Antonio Flecha et Alessandro Ballan pour le second).

La recherche de sentiers ruraux et de secteurs pavés épargnés par la macadamisation oblige Paris-Roubaix à emprunter des réseaux secondaires où subsistent des intersections avec des lignes de chemin de fer. Mauvais timing cette année-là : les coureurs vont être surpris par la fermeture des barrières. Le premier trio décide de forcer le passage ! Les imprudents seront déclassés au profit du second trio, qui aura choisi de patienter. Un sens des responsabilités offrant à Boonen et à Ballan la deuxième et la troisième marche du podium...

Point de barrières pour André Mahé en 1949, mais un problème d'aiguillage ! Avec deux cent dix-sept coureurs au départ à Saint-Denis, on annonce un duel entre le Belge Rik Van Steenbergen, tenant du titre, et l'Italien Fausto Coppi, dont c'est la première participation. Mais le Belge est pris dans une chute après Arras. Le Suisse Ferdi Kübler doit également abandonner à Amiens.

La course se décante à 26 kilomètres de l'arrivée, à Seclin : premier mouvement avec l'échappée du Français Jacques Moujica, rejoint par les Belges Florent Mathieu et Frans Leenen. André Mahé sort également du peloton et les rattrape, avant que Mathieu chute à Hem puis que Moujica tombe à son tour et casse une pédale.

Mahé et Leenen s'approchent du vélodrome, suivis par Moujica, mais ils vont être mal aiguillés par un service d'ordre débordé. Le duo de tête doit faire le tour par l'extérieur ! Le public est incandescent, c'est la confusion la plus totale. Mahé trouve une porte : il traverse la tribune de presse vélo sur l'épaule devant des journalistes médusés. C'est du jamais-vu ! De retour sur la piste, il va aligner Leenen au sprint. Merci pour le rab de 220 mètres, les gars ! Un gros peloton arrive peu après, réglé également au sprint par l'Italien Serse Coppi, le frère de Fausto (« le Campionissimo » se classera cinquième, devant André Declerck).

Fausto rêvait pour son frère d'une victoire dans un des « monuments » du cyclisme. Apprenant la façon dont Mahé avait fini sa course, les Coppi ont protesté contre cette victoire. Au terme d'un imbroglio de plus de six mois, Serse Coppi et André Mahé seront finalement déclarés ex æquo !

1950

Jean Robic et Abdelkader Zaaf

Canicule sur le Tour

La baignade du peloton à Sainte-Maxime lors de la quinzième étape entre Toulon et Menton.

Drôle d'année que cette année 1950, marquée par le déclenchement de la guerre de Corée, la mort d'Albert Lebrun et de Léon Blum, le succès incroyable de la 2 CV ou l'exploit de Maurice Herzog, Lionel Terray, Louis Lachenal et Gaston Rébuffat, qui réussissent la première ascension de l'Annapurna (8078 mètres). Drôle d'année marquée aussi par Ferdi Kübler, premier Suisse à remporter le Tour de France au cœur d'un été caniculaire...

Le Tour est souvent la course des grandes chaleurs, les concurrents peuvent consommer jusqu'à vingt bidons durant une étape. Cet été-là, la plupart des coureurs souffrent le martyre. Déshydratation permanente. Tout est bon pour se rafraîchir, se protéger et garder un minimum de forces : les fontaines, les jets d'eau, les tuyaux d'arrosage et puis, surtout, les bars et les restaurants; la chasse à la cannette est ouverte en permanence. Champions ou pas, tous en prennent pour leur grade, Louison Bobet ou Raphaël Géminiani compris! Boissons trop glacées, indigestions et des dizaines de minutes perdues.

Deux événements dans ce « plan anti-canicule » du peloton ont en tout cas marqué l'histoire du vélo : le grand bain collectif du côté de Sainte-Maxime lors de la quinzième étape entre Toulon et Menton, et l'ivresse de Zaaf sur la route de Nîmes!

« Je n'aime pas du tout l'eau, mais je pense à la révolution que cela ferait dans le peloton si je descendais pour aller me baigner », explique Jean Robic au directeur de course sous les yeux du journaliste Roger Bastide. « Biquet » plonge, et le Français Apo Lazaridès entraîne les autres. Ils seront soixante-deux à piquer une tête dans la Méditerranée. On dit même qu'André Brulé (nom prédestiné) est entré dans l'eau avec son vélo!

Des scènes cocasses dignes d'un film de Jacques Tati, mais pas du tout appréciées par Jacques Goddet et Félix Lévitan. Les organisateurs sont furieux et le font savoir : amendes et leçon de morale dans la presse. « Ne serait-il pas plus convenable que les cyclistes apprennent ou réapprennent leur dur métier plutôt que se livrer à cette manifestation de carnaval que fut la plongée collective de la moitié du peloton dans les eaux du golfe de Saint-Tropez ? »

Deux jours plus tôt, Abdelkader Zaaf, Algérien d'origine engagé pour ce Tour dans l'équipe d'Afrique du Nord, avait en premier donné un spectacle un peu déroutant. Épuisé par la chaleur assommante entre Perpignan et Nîmes, déshydraté et K.-O., il s'effondre sur le bord de la route. On adosse le malheureux contre un arbre, à l'ombre. Gros malaise pour Abdelkader qui, malgré sa casquette, est victime d'une terrible insolation. Des viticulteurs charitables vont l'aider. L'histoire ne dit pas exactement comment! Vont-ils l'arroser? Le faire boire? On raconte que Zaaf repartira en empestant le vin, lui dont la réputation était de ne jamais boire d'alcool. Et surtout, scène tout à fait insolite, il va enfourcher son vélo et repartir sur la route du Tour... dans le sens opposé!

Remis de ses émotions, Van Est sourit à l'infirmière qui, dans la salle blanche de l'hôpital de Tarbes, lui verse à boire.

1951
Wim van Est

Miracle dans l'Aubisque

Tour de France 1951 : Wim van Est a chuté dans un ravin lors de la treizième étape entre Dax et Tarbes.

Nous sommes en 1951, et tous les grands sont au départ de ce trente-huitième Tour : Coppi, Bartali, Kübler et Bobet. Défaillances énormes pour Coppi et Bobet. Fausto Coppi, devenu l'ombre de lui-même, perd 33 minutes entre Carcassonne et Montpellier. Louison Bobet, fatigué par son début de saison, craque à son tour. Hugo Koblet, « le Pédaleur de charme », comme le dit le chansonnier Jacques Grello, gagne ce Tour de France après une échappée monstrueuse entre Brive et Agen.

Mais, au tableau d'honneur de ce Tour, il faut inscrire, le 17 juillet, Wim van Est, le rescapé de l'Aubisque (l'un des cols les plus pentus et les plus difficiles du Tour). La veille, le Néerlandais a gagné à Dax et a pris la tête du classement général. C'est un grand jour pour lui, il porte le maillot jaune. Mais ce sera aussi une très grande désillusion.

Au cours de l'étape entre Dax et Tarbes, galvanisé sans doute par sa belle tunique, il va tout faire pour rester au contact des meilleurs dans les grands cols. Descente de l'Aubisque. Trop vite, trop audacieux, trop maladroit. Une première chute, une glissade, il se relève. Une deuxième chute, plus sérieuse, mais le Néerlandais s'en sort encore sans une égratignure. Le troisième gadin, bonjour le ravin !

Selon les témoins, il est dans un trou profond de plus de 100 mètres. Impressionnant ! Il ne bouge plus. On l'appelle, pas de réponse. Puis il se relève doucement, des suiveurs et des journalistes le sortent à l'aide de boyaux et de cordes. Des égratignures, mais rien de grave : un miracle ! Malgré son maillot jaune, il abandonnera quand même la course.

Cette rétrospective en noir et blanc a trouvé un écho soixante-sept ans plus tard sur le Tour 2018, avec la voltige de Philippe Gilbert. En-tête de la seizième étape entre Carcassonne et Bagnères-de-Luchon, le champion belge a des jambes de feu mais, comme on dit en ski ou à vélo, Gilbert « engage » un peu trop en descente ce jour-là… Et, dans celle du col du Portet-d'Aspet, à quelques centaines de mètres du lieu où Fabio Casartelli s'était tué en 1995, Gilbert manque un freinage et tire tout droit vers le parapet. Le leader de la Quick-Step bascule dans le vide et provoque l'effroi des commentateurs. Image télé glaçante, tout le monde retient son souffle…

La course poursuit son cours et, trois minutes plus tard, nous obtenons des images du coureur quasi indemne, aidé pour remonter le mur de pierres ! Par bonheur, sa chute a été amortie par des arbres, il a mal au genou mais il repart. Le soir même, le diagnostic du médecin lui fait comprendre deux choses : primo, il doit abandonner le Tour ; secundo, il a fini l'étape avec une fracture !

1953

Jean Robic

Biquet et ses bidons

Un petit bidon, « Biquet » ?

Tout sauf bidon, Jean Robic, même s'il est entré dans la légende du Tour grâce à ses bidons et à son culot. En fait, comme l'écrit si bien Jacques Augendre, « Jean Robic ne ressemble à personne et il n'a rien fait comme les autres. Breton né dans les Ardennes, il a remporté le Tour de France 1947 au cours de la dernière étape sans avoir endossé une seule fois le maillot jaune, du jamais-vu ! »

« Bobet, j'en fais mon affaire ! Coppi, il ne m'impressionne pas ! » Voilà tout le culot de « Biquet » qui se permet, lors de la dernière étape de ce Tour 1947, avec un panache énorme, de lâcher dans la côte de Bonsecours Brambilla et Ronconi, les deux Italiens qui le précédaient de trois minutes au classement général. Il avait promis à Raymonde, qu'il avait épousée juste avant de partir sur le Tour, de revenir avec une dot. Du « Biquet » pur jus ! « Biquet » le panache, « Biquet » le malin surtout. Tout petit gabarit, le Breton grimpe bien mais a du mal dans les descentes. Il est trop léger. Vrai à skis, vrai à vélo : plus on est lourd, plus on va vite.

En 1953, grande bagarre entre Jean Robic et l'équipe de France de Géminiani et Bobet. Invectives, intimidations et menaces, climat plus que tendu. Marcel Bidot déteste « Tête de cuir » (autre surnom de Robic, qui porte un casque en cuir depuis Paris-Roubaix, où il s'est fracassé le crâne), et Robic est bien décidé à écraser les Tricolores !

Ambiance et invention : nous voici dans les Pyrénées, étape Cauterets-Luchon. Jour de gloire pour « Biquet », qui portera le maillot jaune au soir de ce mardi 14 juillet, jour d'astuces aussi. Il passe en tête du Tourmalet, s'arrête quelques secondes et récupère un bidon. Descente efficace, très efficace. Petite chute. Vite, il retrouve le bidon et repart. Dans les derniers kilomètres vers Luchon, un spectateur récupère le bidon, écrit notre confrère Jean-Paul Brouchon. Surprise : il est plein de plomb, 9 kilos ! Et « Biquet », avec son aplomb, descendait beaucoup mieux. L'année suivante, le règlement interdira ces bidons au plomb « bidon ».

Le poids est l'un des principaux obstacles que doivent affronter les coureurs. En 1953, « Biquet » s'est alourdi pour mieux descendre, dix ans plus tard, lors de l'étape entre Val-d'Isère et Chamonix, Anquetil s'est allégé pour mieux monter ! On est loin des 6,8 kg minimum imposés en 1996 par l'UCI dans sa charte de Lugano pour préserver l'équité de la compétition après l'apparition de drôles d'engins (l'Espada de Miguel Indurain) et de postures disruptives (notamment celle de « Superman », les bras très en avant, adoptée par Graeme Obree et Chris Boardman pour le record de l'heure), mais l'histoire est cocasse !

Poulidor avait prévu d'attaquer dans le Grand-Saint-Bernard, il fallait qu'Anquetil puisse répliquer. Dans la nuit, Géminiani, son directeur sportif, eut une idée : jouer avec le règlement en simulant pendant l'étape une panne mécanique pour qu'Anquetil puisse changer de vélo et monter sur son modèle de contre-la-montre, plus léger et avec un développement adapté pour des pentes à 18 % ! Le câble de dérailleur sectionné par un coup de pince, le tour était joué !

La poussette et la pissette

1957

Charly Gaul

Giro 1957 : duel au sommet entre Louison Bobet (en rose) et Charly Gaul.

Le peloton, un microcosme objet de tous les regards, de toutes les passions quand arrivent les chaleurs de juillet, une société pyramidale inféodée par le Maillot jaune, menée par quelques leaders charismatiques et régie par des habitudes et des règles tacites, souvent dictées par les plus forts...

Il est d'usage par exemple qu'on n'attaque pas un Maillot jaune à terre : Jan Ullrich, dans la montée vers Luz-Ardiden en 2003, avait temporisé lorsque Lance Armstrong avait accroché la musette d'un spectateur avec ses cocottes de freins. Une façon de renvoyer l'ascenseur à l'Américain, qui l'avait attendu après un joli gadin dans la descente du col de Peyresourde sur le Tour 2001.

En 2017, dans l'ascension du mont du Chat, l'attaque de Fabio Aru, le grimpeur italien de l'équipe Astana, au moment où Chris Froome connaissait un pépin mécanique, avait fait débat, tout comme celle d'Alberto Contador dans le port de Balès en 2010, alors que qu'Andy Schleck, en jaune, venait de coincer sa chaîne.

Les patrons du peloton prennent de nombreuses décisions durant la course, et gare à ceux qui n'en font qu'à leur tête ! Lors de la douzième étape du Tour de France 1985, par exemple, Bernard Hinault, qui souhaitait un départ calme avant d'aborder les premières difficultés, était allé chercher lui-même le jeune Joël Pelier, échappé après une attaque dans la descente de la Colombière ! Autre sujet mais même réaction du Maillot jaune : on se souvient sur la dix-huitième étape du Tour 2004 de Lance Armstrong qui avait ruiné l'échappée de Filippo Simeoni, en représailles à son témoignage au procès du docteur Ferrari, le médecin sulfureux qui conseillait le champion américain.

Parmi les règles tacites qui régentent et rythment le quotidien du peloton, celle de la pause-pipi est l'une des plus sacrées. Tenir cinq à six heures en selle, avec les litres d'eau que s'enfilent les coureurs, cela peut relever du supplice pour la vessie !

Louison Bobet s'en souvient encore : au Giro 1957, sur les conseils de son entraîneur Raphaël Géminiani, il avait attaqué alors que Charly Gaul, porteur du maillot rose à quatre étapes à peine de l'arrivée, était en train d'assouvir un besoin naturel. « L'Ange de la montagne », fou de rage, s'adressait le soir même à Géminiani d'un ton menaçant : « N'oublie pas que je suis un ancien garçon boucher. Je ferai la peau à votre Bobet ! » Gaul avait perdu le Giro mais, en guise de vengeance, il allait se mettre au service de son équipier, l'Italien Gastone Nencini (qui avait la réputation de solliciter l'aide des spectateurs dans les cols). Bobet finira le Giro à dix-neuf secondes derrière Nencini, suscitant le commentaire teinté d'humour d'un journaliste français : « Le Giro s'est joué sur une poussette et sur une pissette. »

À force d'attaquer lorsque le peloton s'offrait une pause-pipi, le Français Dante Coccolo s'était attiré les foudres de ses confrères. Sur le Tour 1978, lors de la neuvième étape entre Bordeaux et Biarritz, ce fut la goutte de trop, et quand Coccolo s'arrêta pour assouvir un besoin naturel, deux coureurs s'empressèrent d'empoigner sa bicyclette pour la déposer à plus d'un kilomètre, au beau milieu d'un champ ! Coccolo finira avant-dernier et ne participera plus jamais au Tour de France. Le peloton lui avait rendu la monnaie de sa pisse !

13 juillet, treizième étape du Tour 1967, malaise dans le Ventoux : Tom Simpson reçoit un massage cardiaque.

1967
Tom Simpson

Se doper tue

Dans la grande histoire du Tour de France, il y a un avant et un après la mort de Tom Simpson. Jeudi 13 juillet 1967 : le champion britannique va mourir pratiquement en direct à la télévision, sur les pentes du mont Ventoux. La fête nationale que représente le Tour de France vire au drame. Et le sport bascule dans l'horreur.

Bien sûr, avant ce drame, il y a eu sur la Grande Boucle des abandons spectaculaires, des incidents, des chutes et des accidents, mais cette fois la télévision est là. Et même si l'ami Robert Chapatte ne peut pas se rendre compte tout de suite de la réalité de la situation, les images sont impressionnantes. Elles vont rester gravées dans toutes les mémoires jusqu'à aujourd'hui.

D'abord les zigzags. Tom Simpson, la casquette de travers, maillot blanc de Peugeot marqué du drapeau britannique, n'arrive plus à tenir sur son vélo. Soleil de plomb, jambes en coton, plus de force, il tombe sur les pierres brûlantes. On est déjà dans la partie lunaire du « Géant de Provence », plus un arbre, pas d'ombre pour s'abriter, la canicule. L'enfer. Et Tom est à terre, le regard absent.

Des spectateurs l'aident à remonter sur son vélo. On le pousse, on lui parle, il est ailleurs, épuisé. Il va tomber de nouveau, moment terrible ; il est allongé sur la pierraille, sa vie est en train de s'échapper, le cœur va lâcher. On lui fait du bouche-à-bouche pour le réanimer, en vain. Les médecins du Tour sont là, l'hélicoptère arrive, l'emmène vers Carpentras, et Tom Simpson est mort. Chaleur et amphétamines (en vogue à l'époque) ont probablement conduit le Britannique à aller au-delà de ses limites et à faire naître un syndrome d'épuisement. « Je ne me soucie pas des contrôles, disait-il. Seuls m'importent les médecins qui me prescrivent les piqûres. » Et Roger Pingeon, vainqueur du Tour en cette année tragique, ajoutera dans *L'Équipe* en 2002 : « Tom avait tendance à abuser, il terminait souvent dans de drôles d'états. »

Pour l'anecdote, à partir de 1965, le ministre des Sports Maurice Herzog avait décidé de mener une politique répressive contre le dopage. Le Tour avait introduit les premiers contrôles en 1966, juste un an avant la mort de Simpson. Et quelle fut la réaction des coureurs ? Anquetil en tête, le peloton s'était mis en grève ! Pourtant, 87 % des tests menés en France s'étaient révélés positifs, avant que les coureurs (pour la plupart au moins) ne soient officiellement blanchis...

Gentil, drôle, talentueux, Tom Simpson est mort à 2 kilomètres du sommet du Ventoux où, aujourd'hui encore, une stèle marque le lieu du drame. Mort d'un coureur, mort d'un homme. Leçon antidopage ? Même pas. Électrochoc pour le public mais pas pour les coureurs, juste l'occasion de basculer d'un dopage assumé à un dopage clandestin. Histoire de maintenir l'opinion publique dans l'illusion...

1971

Luis Ocaña

Double coup de théâtre

Jacques Goddet (le patron du Tour de France, à l'arrière-plan) assiste, impuissant, à la souffrance du Maillot jaune, qui va quitter la course.

« Hors délais » : l'expression est terrible pour les coureurs du Tour de France. Violente, même. Cela veut simplement dire dehors, fin de la course, retour à la maison. Or, ce jeudi 8 juillet, dans la onzième étape du Tour 1971, entre Grenoble et Orcières-Merlette, seuls trente-neuf coureurs ont passé la ligne dans les temps, tous les autres sont hors délais ! Éliminés ! Histoire unique dans le Tour ! Le responsable ? Un homme en état de grâce : Luis Ocaña.

L'étape était très courte mais très ardue, et, derrière Ocaña, en forme déjà la veille et qui est vraiment décidé, comme l'écrivait Antoine Blondin, à « mettre la panique dans le cérémonial », tout le monde ou presque craque. Même le grand Eddy Merckx va lâcher prise. Le champion belge termine troisième à près de neuf minutes du coureur espagnol. Un vrai coup de force qui permet à Luis Ocaña de s'emparer du maillot jaune avec 8'43'' d'avance sur Joop Zoetemelk. Acteurs d'une étape complètement folle, ils restituent sa légende au Tour. « Ocaña souverain, Merckx héroïque », titre *L'Équipe* à la une ! Il est important de noter que les patrons du Tour, étonnés par la performance de l'Espagnol mais intelligents, repêchent pratiquement tous les éliminés. Ouf !

Ocaña est en jaune, mais pour trois jours seulement. Merckx, déjà deux fois vainqueur du Tour, en 1969 et en 1970, n'a pas du tout l'intention de se laisser malmener. On attaque la troisième semaine de course avec les Pyrénées. « Le Cannibale » montre les dents dès les premiers cols, et Ocaña s'accroche.

Mais les spectateurs de Luchon ne verront jamais le Maillot jaune à l'arrivée de la quatorzième étape : orage sur le Tour ! Dans la descente du col de Menté, Merckx tombe, Ocaña chute aussi. Zoetemelk, juste derrière, ne peut rien faire pour éviter Ocaña et le heurte de plein fouet ! Ocaña, choqué, devra abandonner. Soigné par le docteur Judet, il sera emmené à l'hôpital dans des cris de douleur et de colère, sans quitter son maillot jaune.

« Ocaña brisé, le Tour foudroyé », annonce *L'Équipe* le mardi 13 juillet. Le lendemain, en hommage au champion espagnol, Merckx, qui gagnera ce Tour 1971, ne porte pas le maillot jaune, et, par chance, Ocaña reviendra sur le Tour pour le remporter deux ans plus tard.

Crise de foie

1975
Eddy Merckx

Suivi de près par le journaliste Christian Montaignac (à l'extrême droite), Eddy Merckx tient sa main droite au niveau du foie. Le coup de poing qu'il vient de recevoir a laissé des traces...

Dans la légende du Tour, il y a les lieux mythiques (l'Alpe-d'Huez, le Tourmalet, l'Aubisque, le Ventoux, etc.) et il y a des moments de légende. Le dimanche 13 juillet 1975, dans la montée vers la petite station de ski de Pra-Loup, lorsque Bernard Thévenet revient sur Eddy Merckx, le dépasse et le lâche, le monde du vélo vit une révolution. « Le Cannibale » s'est fait croquer. Lui, le meilleur coureur du monde !

Il est champion du monde... Porteur du maillot jaune, il a gagné en début de saison toutes les grandes courses : Milan-San Remo, le Tour des Flandres, l'Amstel Gold Race et Liège-Bastogne-Liège. Il roule, premier au classement général, vers une sixième victoire dans le Tour de France. Bref, Eddy Merckx est encore ce jour-là le plus grand coureur de tous les temps... Et pourtant il va craquer, et c'est un Bourguignon de 27 ans qui fera abdiquer le roi. Une révolution menée par Bernard Thévenet, tout fier de recevoir le maillot jaune des mains du président en exercice - Valéry Giscard d'Estaing - pour la première arrivée sur les Champs-Élysées...

À quoi attribuer cette victoire ? À la montée en puissance du Français ? Au déclin du Belge ? En tout cas, quelqu'un s'est occupé de couper l'appétit gargantuesque du « Cannibale », un certain Nello Breton.

La scène se passe dans un autre lieu légendaire du Tour, la montée du puy de Dôme, restée dans les mémoires pour le fameux coude-à-coude entre « Poupou » et Anquetil (1964). En ce vendredi 11 juillet 1975, les rampes du volcan endormi ont peut-être scellé le destin et la chute du roi belge du cyclisme... La quatorzième étape touche à sa fin, la victoire va se jouer entre Lucien Van Impe et Bernard Thévenet, tous deux échappés dès le pied du « Géant d'Auvergne ». Merckx, en souffrance, tente de recoller en compagnie de Joop Zoetemelk. La foule est compacte, l'ambiance est volcanique ! Les coureurs n'entrevoient qu'un mince ruban de bitume devant eux. La ligne d'arrivée approche. 300 mètres, 200, 150...

L'impossible va se produire : « le Cannibale » s'effondre et porte la main droite à son torse. Un revival de la mort de Simpson ? Non, juste un spectateur - Nello Breton - qui vient de frapper le roi au foie et de lui couper le souffle au summum de l'effort, après 173,5 km de vélo ! Passé la ligne, Merckx, voyant sa victoire sur le Tour s'évanouir, fera demi-tour pour retrouver le voyou... « C'est la première fois qu'on a eu des hooligans sur le Tour, raconte-t-il à la presse. Des inconscients. J'étais le premier à pouvoir gagner six Tours. Mais j'étais étranger, et il y avait une animosité. »

Le roi déchu intentera un procès au spectateur boxeur, défendu - c'est un comble - par maître Daniel Thévenet ! Englué dans son déni malgré les preuves télévisuelles, Breton écopera d'une peine de prison avec sursis et d'une interdiction d'assister à une course cycliste pendant deux ans. Merckx ajoutant, un peu marri : « Il a été condamné à verser 1 franc symbolique et moi, ça m'a coûté 2 500 francs de frais d'avocat. »

1978
Bernard Hinault

Le bétail se rebiffe

À cinquante mètres de la ligne d'arrivée de Valence-d'Agen, Michel Pollentier (maillot à pois), Bernard Hinault (maillot tricolore) et Freddy Maertens (maillot vert) mènent la fronde.

« Ils ont perdu les pédales ! » titre *L'Équipe*. « Nous ne sommes pas des bêtes de cirque que l'on exhibe de ville en ville », rétorque André Chalmel, l'un des chefs de file de la fronde et équipier du champion de France Bernard Hinault. « Nous ne demandons pas plus d'argent mais plus de considération. Nous voulons bien faire des étapes difficiles, monter des cols, assumer tous les risques du métier, mais qu'on respecte notre repos. »

Ce mercredi 12 juillet 1978 restera dans les annales de l'histoire du Tour, et même de l'histoire du sport. Un jour où ces compétiteurs d'un sport individuel qui se pratique en équipe se sont, une fois n'est pas coutume, entendus pour parler d'une seule voix et défendre leur corporation. Car, d'habitude, dès qu'une polémique enfle dans le peloton, nombreuses sont les voix discordantes, chacun pensant à ses petits intérêts personnels.

Cette fois-ci, il faut dire que la situation le mérite. Le départ de cette étape entre Tarbes et Valence-d'Agen est donné à 7 h 35. Horaire matinal pour réveil nocturne : les coureurs ont dû émerger à 4 h 30 (en s'étant couchés à 23 heures) ! Les organisateurs ont inventé le concept des demi-étapes : une course le matin et une l'après-midi.

Tout cela pour quoi ? Une histoire de gros sous. Réunir « le milliard nécessaire à l'organisation du Tour ». Les villes paient cher pour être villes étapes et, bien sûr, elles en veulent pour leur argent. Véritablement excédés, les coureurs vont faire la grève de la course pour marquer le coup. Le peloton part de Tarbes dans une nonchalance visible et parcourt l'étape au ralenti. Gros retard en perspective ! À l'instar des Pollentier, Hinault ou Maertens, les coureurs mettent pied à terre à cent mètres de l'arrivée et franchissent la ligne en marchant. Le maire est furieux !

L'étape sera finalement annulée. Pour se racheter, les coureurs proposent au maire de Valence-d'Agen de revenir courir un critérium gratuitement dans sa cité. Et les primes de victoire seront reversées au bureau d'aide sociale de la ville.

Autres temps, autres griefs, le Tour connaîtra vingt ans plus tard une autre grève. L'affaire Festina est passée par là… Un reportage de France 2, le 23 juillet, va mettre le feu aux poudres. On découvre à Montauban une vraie pharmacie ambulante de produits masquants et dopants dans les poubelles de l'équipe italienne Asics. Alors, au départ de Tarascon-sur-Ariège, le 24 juillet, les coureurs posent le vélo. Les Français du peloton demandent à Jalabert, le champion de France, de prendre la parole. Au micro de France 2, il déclare : « On nous considère comme du bétail. Nous allons nous conduire comme du bétail. Les coureurs sont traînés dans la boue. Nous en avons ras le bol. Aujourd'hui, il n'y aura pas de vélo. » Fin négociateur, Jean-Marie Leblanc, le patron du Tour, obtiendra la reprise de la course après deux heures de grève. Laurent Jalabert, échaudé par cette situation, se lancera, avec son frère Nicolas, dans une échappée suicidaire de 130 kilomètres…

Le message est clair : que ce soit pour leur honneur ou pour leurs conditions de travail, on ne plaisante pas avec les coureurs !

1978
Michel Pollentier

Une poire, et pisse et tout !

Michel Pollentier dans sa chambre d'hôtel après la seizième étape du Tour 1978, entre Saint-Étienne et l'Alpe-d'Huez.

« Quelques-uns de nos routiers ne dédaignent pas de se doper. Nous sourions trop pour réprouver de semblables procédés si contraires à l'idée que nous avons du sport. Ceux qui comme nous voudraient que notre race devienne magnifique ne souscriront jamais à de semblables procédés. » Il se répète pour mieux se faire comprendre, Henri Desgrange, dans son journal *L'Auto* en juillet 1920. Et ses propos, déjà d'actualité à l'époque, le sont encore malheureusement aujourd'hui.

Les procédés ont changé, mais la culture du dopage n'a pas disparu. Exemples : dans les années 1970 et 1980, la RDA qui mettait ses athlètes enceintes pour provoquer des montées d'hormones; en 1993, les Chinoises de « l'Armée de Ma » qui atomisaient le 10 000 mètres avant de se plaindre des charges d'entraînement et du dopage intensif; ou encore la Russie qui a atteint des sommets aux JO de Sotchi (2014). Le rapport McLaren, commandé par l'Agence mondiale antidopage, a révélé que le FSB (le service secret russe) échangeait les échantillons prélevés sur les athlètes russes par des urines saines, avant de faire détruire huit mille des dix mille prélèvements six mois à peine après la quinzaine olympique!

En cyclisme, l'affaire Festina, Lance Armstrong, l'affaire Puerto sont des exemples d'un dopage méthodique et organisé où tous, quand ils avaient la certitude d'être positifs, trouvaient des solutions pour ne pas se faire pincer. Diluer son sang avec du sérum physiologique, ne pas ouvrir la porte à l'examinateur lors d'un contrôle inopiné, présenter une AUT (autorisation à usage thérapeutique) antidatée...

L'histoire la plus rocambolesque reste à jamais celle de Michel Pollentier, le dimanche 16 juillet 1978 à l'Alpe-d'Huez. Le coureur belge, qui a tout gagné ce jour-là, va tout perdre comme une poire! Seizième étape du Tour (qui sera remportée brillamment par un néophyte aux dents aiguisées comme celles d'un « Blaireau » - son surnom -, Bernard Hinault). À l'Alpe-d'Huez, au terme de 240 kilomètres de course et de vingt et un virages, Michel Pollentier, maillot à pois de meilleur grimpeur sur le dos, fait coup double : il gagne l'étape et enfile sur le podium le maillot jaune, porté jusque-là par Joseph Bruyère, ancien coéquipier fidèle d'Eddy Merckx. Grande et belle journée pour lui, mais pas pour longtemps!

Comme d'habitude, le Maillot jaune doit se présenter au contrôle antidopage. Un petit pipi et c'est fini? Pas tout à fait pour Pollentier. Pas très sûr des produits qu'il a pris, il préfère emmener une petite poire placée sous son bras, contenant l'urine de quelqu'un d'autre.

Horreur! Le contrôleur découvre la supercherie. L'amer Michel est exclu du Tour de France. Scandale! Pollentier reparti vers sa Belgique, c'est Joop Zoetemelk, son dauphin, qui hérite du maillot jaune pour trois jours seulement. Bernard Hinault, irrésistible dans le contre-la-montre entre Metz et Nancy, prendra la tête du général et ne la lâchera plus jusqu'aux Champs-Élysées.

1994
Laurent Jalabert

Gueule cassée

Tour 1994 : Laurent Jalabert (à gauche) lors de la première étape, entre Lille et Armentières.

Le 3 juillet 1994, le Tour arrive à Armentières, et Philippe Bouvet écrira le soir même dans les colonnes de *L'Équipe* : « Ce ne sont pas que les risques du métier. » Un virage manqué en montagne, un sprint où ça « frotte » (et certains comme l'Ouzbek Abdoujaparov ou le Slovaque Sagan ont une belle réputation dans le domaine), un rétrécissement de chaussée, un îlot directionnel, une flaque d'huile : les occasions de goûter au bitume sont nombreuses. Mais, dans le cas de Jalabert, la chute n'a rien à voir avec un sprint irrégulier. Il s'agit tout simplement d'un policier qui voulait prendre une photo pour un spectateur ! Le représentant des forces de l'ordre s'est avancé imprudemment sur la chaussée, provoquant en direct l'une des images les plus spectaculaires de l'histoire du Tour.

Engagé dans le sprint massif en tête du peloton, Wilfried Nelissen, le champion de Belgique, est à 70 km/h. Tête baissée, il se déporte vers le bord droit de la chaussée. Lorsqu'il relève la tête, c'est trop tard. Il heurte le policier, qui rebondit contre la balustrade et se retrouve au milieu des coureurs. Jalabert, dans la roue du Belge, bascule sur un plot publicitaire. Joli soleil, et crépuscule de sa carrière de sprinteur.

« Jaja », casque de travers, souffre de plaies, de fractures maxillo-faciales et d'une commotion cérébrale ; il perd beaucoup de sang. De multiples interventions seront nécessaires, notamment pour réparer ses dents cassées. Plusieurs coureurs se retrouvent sur le carreau : Capiot, Gontchenkov, Fontanelli. Le policier s'en tire avec un enfoncement de la cage thoracique. Jalabert déclare au journal *L'Équipe* : « Cet épisode m'a marqué au fer rouge. J'en ai longtemps fait des cauchemars où je me retrouve dans le brouhaha avec le temps qui s'écoule et l'ambulance qui n'arrive jamais [...]. J'avais repris l'entraînement après six semaines d'arrêt, avec toujours mon appareillage à la mâchoire. Je ne mangeais que des purées, tout était mixé. Du coup, j'avais perdu 7 à 8 kilos, de la masse musculaire. »

Jalabert met six mois à s'en remettre et change radicalement sa façon de courir. Jusque-là *finisher* au tempérament agressif, inspiré par son modèle Bernard Hinault, il reviendra dès 1995 en coureur complet, numéro 1 mondial de 1995 à 1999, capable de gagner la Vuelta et de devenir champion du monde du contre-la-montre. Il finira même sa carrière comme baroudeur et maillot à pois des Tours 2001 et 2002 !

1995

Fabio Casartelli

Mort au tournant

Tour 1995 : Gérard Porte auprès de Fabio Casartelli lors de la quinzième étape, entre Saint-Girons et Cauterets.

Kilomètre 34, dans la descente du col du Portet-d'Aspet, le 18 juillet. Il est 11 h 50. Un coup de frein terrible, crissement de pneus, klaxons, cris, et Radio Tour, qui équipe toutes les voitures, annonce et répète : « Chute dans le peloton ! Attention à l'arrière, plusieurs coureurs touchés. » Avec mon ami Jean-François Guiborel, qui pilote notre auto, nous sommes juste à l'endroit de l'accident, à quelques mètres, et la scène est horrible : dans un virage, des coureurs se sont accrochés à 60-70 km/h. Impossible d'éviter la chute. Ils gisent sur la route.

Dante Rezze, paradoxalement le plus chanceux, est passé par-dessus les bordures de la route en ciment, la tête la première vers le ravin, entre les rochers et les arbres. Blessé mais vivant, il appelle à l'aide. Il est à dix mètres sous la route. Claude Eymard, mon confrère de France Télévisions, l'aide à remonter sur le macadam avec Gérard Nicolet, médecin. Je relève Johan Museeuw, qui va repartir sonné et légèrement blessé. En revanche, à deux mètres de nous : l'horreur…

Fabio Casartelli, le jeune champion olympique italien de Motorola, gît sur le côté, en position fœtale, la tête dans une flaque de sang. Les médecins sont déjà là, prêts à tout faire pour le sauver malgré la gravité de ses blessures à la tête. Gérard Porte, le médecin chef du Tour, calme, précis, demande l'assistance d'un hélicoptère. Fabio Casartelli est en train de mourir. Dans un virage, juste en dessous du lieu de l'accident, l'hélicoptère se pose. On emmène le malheureux. Son cœur s'arrêtera plusieurs fois pendant son transfert à l'hôpital de Tarbes.

Malgré tous les soins qui lui sont prodigués, il est impossible de le sauver. Pendant ce temps-là, paradoxe de la vie, Richard Virenque est en train de réaliser un authentique exploit, il s'échappe à 121 kilomètres de l'arrivée et va gagner en solitaire à Cauterets…

Le lendemain du drame, entre Tarbes et Pau, après une minute de silence dans une émotion intense au départ, le peloton laissera les équipiers de Casartelli franchir la ligne d'arrivée en tête et au ralenti. Armstrong gagnera en son nom à Limoges, les deux doigts pointés vers le ciel. Dans les Pyrénées, cette année-là, comme l'a titré *L'Équipe* : « Le Tour est passé de la fête au drame. »

Hélas, il faudra attendre une nouvelle mort en course, celle du Kazakh Andrei Kivilev (sur les routes de Paris-Nice 2003), tombé face contre terre alors qu'il tentait de régler son oreillette, pour que le message monte enfin au cerveau des instances dirigeantes. Et l'UCI décidait en 2005, dix ans après l'accident de Casartelli, de rendre obligatoire le port du casque sur les courses qu'elle organisait…

1996
Johan Museeuw

Simple comme un coup de fil

Le Belge Johan Museeuw gagne le Paris-Roubaix 1996 devant ses équipiers italiens Andrea Tafi (à gauche) et Gianluca Bortolami.

Dimanche 14 avril 1996, le Belge Johan Museeuw gagne la « reine des classiques » : Paris-Roubaix. Une victoire « simple comme un coup de fil », mais qui a fait énormément parler…

Créé en 1896, cette course de légende fête ses cent ans cette année-là. Après Marc Madiot, en 1985 et en 1991, et Gilbert Duclos-Lassalle, en 1992 et en 1993, on rêve encore de voir un Français entrer en tête sur la piste du vélodrome de Roubaix. Mais la fête tricolore n'aura pas lieu, une équipe italienne a véritablement écrasé la course : la Mapei.

À 86 kilomètres de l'arrivée, pas un mais quatre coureurs de la même formation s'échappent et accélèrent comme des fusées. Du jamais-vu ! Gianluca Bortolami, Andrea Tafi, Johan Museeuw et Franco Ballerini. Ballerini, vainqueur l'année précédente et qui gagnera de nouveau en 1998, est poursuivi par la malchance. Il crève trois fois en 12 kilomètres et doit laisser partir ses coéquipiers.

C'est là qu'intervient le fameux coup de téléphone du directeur général du sponsor de l'équipe, une marque italienne de céramique. Giorgio Squinzi appelle le directeur sportif Patrick Lefevere, qui roule dans la voiture derrière les coureurs : « Je veux qu'ils arrivent ensemble ! – Pas possible ! dit Lefevere, il faut un vainqueur, alors ce sera Johan Museeuw. » Le Belge avait fait le jeu de l'équipe les années précédentes, c'était son tour.

On raconte que Tafi, qui gagnera trois ans plus tard, a beaucoup râlé. Les journaux italiens parlent de la mise en scène d'une comédie ! Comme aux Vingt-Quatre Heures du Mans 1966, où les deux Ford cherchent à passer la ligne ensemble pour célébrer leur triomphe, comme sur le Dakar 2014, où le patron des Mini fait gagner Nani Roma, et même comme sur le Tour de France 1986, où Bernard Tapie décide de la victoire de Greg LeMond sur Bernard Hinault (pour toucher le marché américain), on est loin de l'esprit du sport où la compétition devrait se jouer à armes égales. Là, comme partout, le patron décide, et les employés obéissent !

Polémique concernant cette arrivée, scandale aussi à propos des rumeurs de dopage visant l'équipe italienne. Johan Museeuw lui-même a avoué quelques années plus tard avoir utilisé de l'EPO. « Le problème de notre génération, a-t-il déclaré, est qu'on pensait que c'était normal. » « Peux-tu m'envoyer des guêpes et des tartines ? » demandait le champion belge à un vétérinaire impliqué dans un trafic d'hormones. Museeuw sera suspendu deux ans et écopera de dix mois de prison avec sursis pour cette affaire relatée par Henri Seckel dans *Le Monde*.

Si les aveux et la condamnation de Museeuw ont marqué une génération, son courage a impressionné tous les spécialistes. Rotule brisée avec fracture ouverte pendant Paris-Roubaix 1998 lors d'une chute dans la Trouée d'Arenberg, Johan Museeuw, après une convalescence très difficile, revient à son meilleur niveau et gagne la course mythique en 2000. La photo est légendaire, il montre son genou meurtri à l'arrivée. « Le Lion des Flandres » rugissait de nouveau.

L'homme par qui tout est arrivé

Willy Voet montre une photo que lui avait dédicacée son petit protégé Richard Virenque. La victoire de Courchevel, dont on apprendra plus tard que le Français l'avait achetée à Jan Ullrich...

1998
Willy Voet

Il est bien connu qu'après un excès, le retour à la réalité est souvent très dur, par exemple après une soirée trop arrosée ou tout simplement pour un amour déçu... Ce fut le cas en France pour les passionnés de sport qui, le 12 juillet 1998, fêtaient la victoire de leur équipe black, blanc, beur en Coupe du monde de football puis, six jours plus tard, pleuraient le retrait de Virenque, alors qu'il était programmé pour enfin remporter le Tour de France.

Le collectionneur de pois, Richard « Cœur de lion », avait fini le Tour 1997 à la deuxième place. Même si l'écart avec Jan Ullrich était immense, les Festina avaient fait le spectacle, virevoltant dans les étapes de montagne, attaquant l'Allemand et les Telekom de toutes parts. Les Festina avaient du feu dans les jambes, mais ils se sont brûlé les ailes. À force de vouloir « tout faire péter » presque tous les jours, ils ont commencé par se mettre le peloton à dos; c'est ensuite le pouvoir politique (Marie-George Buffet, la ministre des Sports, en tête) qui, inquiet des dérives du dopage dans le sport de haut niveau, a voulu marquer le coup. Coupable idéal, Richard Virenque serait sacrifié pour l'exemple...

Et pour remonter à la star française, quoi de mieux que de prendre son ange gardien en « flag »? Le mercredi 8 juillet 1998 à 5 h 40, Willy Voet, son soigneur et l'homme à tout faire de l'équipe, allait être interpellé à Neuville-en-Ferrain au lieu-dit Le Dronckaert. Un passage de la D78 qu'on appelle « la petite frontière » chez les trafiquants de la région.

Voet trafiquant ? Les enquêteurs se sont posé la question car, dans le coffre de la Fiat Marea décorée aux couleurs de l'équipe Festina, les douaniers avaient trouvé 235 ampoules d'EPO, 82 flacons d'hormone de croissance, 60 doses de testostérone, des amphétamines, des corticoïdes, des fluidifiants sanguins et des seringues. Des quantités bien au-delà de ce qui était nécessaire pour un simple Tour selon Bruno Roussel, le directeur sportif. Voet dealait-il avec d'autres équipes pour arrondir ses fins de mois ?

Comme le dit justement Bénabar en chantant, « c'est l'effet papillon : petite cause, grande conséquence »... Willy Voet (le soigneur) puis Bruno Roussel (le patron) et Eric Ryckaert (le médecin) vont tour à tour se mettre à table et raconter. Roussel et son staff avaient mis en place un système de dopage contrôlé à partir de 1994, pour empêcher leurs coureurs d'aller « bricoler à droite à gauche » et « éviter les accidents ». Une gestion concertée des approvisionnements où Voet, le transporteur, consignait chaque détail dans des petits carnets noirs qui allaient devenir des éléments essentiels du dossier.

On connaît l'histoire : après avoir résisté autant que possible face à l'inéluctable, le jour de la septième étape, Virenque rencontre le patron du Tour (Jean-Marie Leblanc) chez Gillou, un petit café-tabac de Gare-de-Corrèze, puis annonce en larmes à la presse le retrait de l'équipe. Moqué par *Les Guignols de l'info* pour être resté deux ans dans le déni malgré les preuves accablantes, il avouera son dopage le deuxième jour du procès... Virenque avait toujours refusé d'être le seul à écoper pour tout un peloton survitaminé.

1998
Istvan Varjas

Gros plan sur un moteur électrique : celui saisi dans l'affaire Cyril Fontayne, coureur amateur pris en flagrant délit par Christophe Bassons (devenu contrôleur antidopage) en 2017.

Le côté obscur de la force

Et si, depuis sa maison d'Hawaï, face à Oprah Winfrey, dans son mea-culpa du bout du monde et du bout des lèvres, Lance Armstrong n'avait pas tout dit… Et si l'EPO, les corticoïdes, les transfusions sanguines, toute la pharmacopée du coureur dopé, n'étaient que la partie émergée de l'ice cyborg… Et si, pour marcher sur la Lune (25 victoires d'étapes et 7 Tours de France d'affilée), Armstrong avait trouvé le moyen absolument indécelable de devenir fusée… C'est l'hypothèse d'un journaliste de *L'Équipe*, Philippe Brunel, exposée dans un livre enquête, *Rouler plus vite que la mort*, publié début 2018 chez Grasset.

Au fil des pages, Brunel établit un parallèle troublant entre le survivant du cancer, champion prêt à vendre son âme pour le pouvoir, et Istvan Varjas, un brillant ingénieur hongrois qui raconte avoir abandonné une carrière prometteuse chez les amateurs parce qu'il ne voulait pas se doper. Reconverti dans le commerce du parfum, en secret, il allait se focaliser sur ses recherches en électromagnétique. Frustré et vengeur, Varjas était décidé à trouver le moyen de goûter à la victoire sans recourir au dopage chimique. Le dopage mécanique était son idée. Ce serait le projet de sa vie…

« Si un moteur électrique pouvait faire voler un drone de 6 à 7 kilos, alors pourquoi pas un vélo du même poids ? » Habité par son idée, Varjas se jette à corps perdu dans ses développements et fait façonner les pièces dans diverses usines, à Zurich, à Hambourg. 360 000 kilomètres de voiture en deux ans, du temps pour itérer et réfléchir… Le culte du secret, la nuit dans son atelier, pour assembler son puzzle, et la colline de Mecsek pour le tester… Le Hongrois parvient à miniaturiser son dispositif (la taille d'une grosse pile) et va vite comprendre qu'il suffit de 50 watts pour faire la différence mais aussi que – comble de l'ironie – le moteur impose une cadence telle qu'il faut se doper pour l'encaisser !

Assemblant son propre puzzle, Philippe Brunel nous livre que Lance Armstrong n'était en principe pas équipé pour dominer le peloton. Si l'on se fie aux vrais paramètres physiologiques du Texan, dévoilés par son ex-médecin, le docteur Ed Coyle, lors d'un congrès antidopage en 2001, l'Américain avait une VO_2max de 78 et un taux d'hématocrite naturel à 41… Ce qui, en théorie, ne lui permettait pas de dépasser les 375 watts dans l'Alpe-d'Huez, là où on estime qu'il était à 475 watts ! Pour Greg LeMond, une partie du gap s'explique par le dopage, mais il subsiste 50 à 70 watts supplémentaires dont on ne pouvait scientifiquement expliquer l'origine.

La force, la cadence frénétique, la vitesse en montée, tout ramène au moteur de Varjas, d'autant plus que le Hongrois raconte avoir touché 2 millions de dollars sur un compte offshore contre son prototype et son silence pendant dix ans… C'était en septembre 1998, juste avant la première victoire d'Armstrong sur le Tour. Bizarre, bizarre…

1999
Lance Armstrong

Parrain puis paria

Tour 1999, neuvième étape Le Grand-Bornand - Sestrières : Lance Armstrong décolle comme une fusée vers le premier de ses sept sacres consécutifs.

Champion du monde 1993 et sept fois vainqueur du Tour de France, de 1999 à 2005. Il a porté le maillot jaune durant 83 jours et gagné 25 étapes dont 2 prologues, 9 contre-la-montre individuels et 4 par équipes, et 8 étapes de montagne avec arrivée en altitude, où il pouvait creuser des écarts... De retour de la mort après avoir vaincu un cancer des testicules et des métastases au cerveau, le Texan d'Austin a fait du Tour de France son obsession.

Sa victoire à Sestrières sur la neuvième étape du Tour 1999 marque le début de son outrageuse domination. Armstrong avait déjà impressionné l'avant-veille en gagnant le contre-la-montre de Metz mais, dans la montée vers Sestrières, il va ridiculiser Gotti, Zülle et Escartin, et surtout estomaquer le milieu du cyclisme par sa cadence de pédalage en montée.

Le gars d'Austin : l'homme qui valait trois milliards (comme Steve Austin, le personnage de la série américaine aux pouvoirs surnaturels) ? Vrai pour l'argent : Armstrong va devenir multimillionnaire (salaire, publicités, primes). Vrai aussi pour les superpouvoirs !

Armstrong est tellement fort qu'il n'a pratiquement plus d'adversaires, seulement des faire-valoir (Beloki, Basso, Escartin, Klöden, Mayo, Olano, Pantani, Ullrich, Vinokourov, Virenque...) qui s'échinent, en l'attaquant vainement, à donner de l'intérêt à ses victoires. Sur le Tour 2000 par exemple, tel un roi, il offre le mont Ventoux à Pantani. L'année suivante, à l'Alpe-d'Huez, il ridiculise Ullrich après avoir bluffé durant toute l'étape, simulant une méforme. En 2003, il évite la chute dans la descente vers Gap (pas Beloki) et traverse une prairie en cross-country ; à Cap'Découverte, il doit encaisser le retour fulgurant d'Ullrich sur le contre-la-montre ; dans la montée de Luz-Ardiden, il accroche une musette et goûte au bitume...

Attaqué de toutes parts, rien pourtant ne semble entraver sa quête de victoire. À chaque fois, l'Américain réagit et tape du poing sur la table, comme sur la première étape du Tour 2005 entre Fromentine et Noirmoutier, où il assomme Ullrich sur sa propre spécialité, le chrono...

Un revenant du cancer qui gagne le Tour et crée une fondation : un de ces destins de *role model* dont les Américains raffolent. L'histoire était trop belle... Armstrong, nourri par un féroce appétit de revanche - sur son enfance, sur sa maladie - a tout mis en œuvre pour gagner. Dopage, lobbying, intimidations, corruption...

Rares contre-pouvoirs, Greg LeMond avec sa voix, Pierre Ballester et David Walsh avec leurs plumes, leurs enquêtes et leurs livres, ont joué le rôle de lanceurs d'alertes. Il a fallu du temps pour briser l'omerta imposée par le clan Armstrong, mais les témoignages d'Emma O'Reilly (sa soigneuse), de Frankie Andreu et de sa femme Betsy, de George Hincapie, de Tyler Hamilton, de Floyd Landis ou de Jonathan Vaughters (ses ex-coéquipiers), notamment, ont permis de révéler la plus grande escroquerie que l'histoire du sport ait connue.

18 janvier 2013 : les télés du monde entier reprennent une interview millimétrée d'Oprah Winfrey mettant en scène les aveux du champion.

Il faut l'avouer, les performances extraterrestres de l'Américain nous ont tous subjugués... mais intrigués aussi. Comment était-il possible qu'un coureur musculeux plutôt spécialisé dans les courses d'un jour soit devenu le meilleur coureur du monde, imbattable en montagne et en contre-la-montre ? Dans leur ouvrage *Tous dopés ? La preuve par 21*, Antoine Vayer (ancien entraîneur de l'équipe Festina) et Frédéric Portoleau (ingénieur en aéronautique) ont pointé du doigt ses nombreuses performances de « mutant » (au-dessus de 450 watts) par le biais de leur « méthode des radars » (des métriques permettant d'estimer la puissance délivrée par les coureurs dans les ascensions clefs du Tour).

Dans sa biographie *La Course secrète*, Hamilton, lieutenant d'Armstrong pendant ses trois premiers Tours victorieux, raconte avec une foule de détails l'envers du décor : l'Américain s'était construit une mafia et agissait en parrain... Il terrorisait les brebis galeuses (Christophe Bassons, Filippo Simeoni) qui osaient mettre en doute sa probité (leur intimant de se taire), il contrôlait tout, de la diététique au dopage d'équipe, vous étiez avec ou contre lui. Sur le Tour 2001 par exemple, il a obligé Hamilton à rouler *pan y agua* (au pain et à l'eau) : les performances de son soldat (il avait battu certains de ses records à l'entraînement et en course) commençaient à lui faire de l'ombre...

Grace à sa spirale de victoires sur le Tour, il s'était mis à tutoyer les grands de ce monde, de George W. Bush à Hein Verbruggen, le patron de l'UCI qu'il s'était mis dans la poche. Il avait même versé à la fédération la somme de 125 000 dollars pour financer l'achat d'une machine permettant d'analyser le sang ! Une façon d'acheter le silence du nid d'Aigle (le siège de l'UCI, en Suisse) pour celui qui, publiquement, s'enorgueillissait de n'avoir jamais été contrôlé positif... Et pour cause, chaperonné et conseillé par le docteur Ferrari, il savait ce qu'il devait faire pour atteindre le sacro-saint rapport poids/puissance de 6,4 W/kg qui devait lui permettre de gagner le Tour.

D'abord le dopage et les microdoses : l'hormone de croissance en patch, l'« Edgar Poe » (l'EPO) ou les corticoïdes en injection. Le rituel avait lieu le matin des étapes, derrière les vitres fumées du bus de l'US Postal. Les produits étaient acheminés par un mystérieux « Motoman », un revendeur de vélos de la région de Nice qu'Armstrong avait mandaté pour suivre discrètement l'équipe à moto avec une glacière et un téléphone prépayé. Les coureurs plaçaient les seringues usagées dans des canettes de soda qu'ils écrasaient... Il y avait aussi, comme le raconte Hamilton dans son livre, deux ou trois autotransfusions par Tour : des poches de sang suspendues à des cintres dans l'intimité des chambres d'hôtel, de quoi, du jour au lendemain, retrouver une seconde jeunesse !

Acculé par la révélation de la vérité et le poids du dossier à charge monté par l'Usada, le masque de fer de Lance Armstrong a fini par se fissurer en janvier 2013, obligé de répondre sans détours aux questions d'Oprah Winfrey. Amérique déçue, roi déchu de tous ses titres et de sa noblesse...

2004
Marco Pantani

Ciao l'artiste

Le portrait du « Pirate », en toute simplicité.

Marco Pantani n'était pas vraiment un coureur comme les autres… Un jour qu'il vint me rejoindre pour le *Vélo Club*, mon émission en direct réalisée après l'arrivée des étapes du Tour de France, je me souviens très bien m'être dit : « Cet homme-là est un artiste. »

Un champion d'exception bien sûr, l'un des meilleurs grimpeurs de l'histoire du vélo, mais, avant tout, Pantani se révélait un personnage décalé dans ce sport d'exploits, de cris, de tumulte et de passion. Marco le poète dont la fin tragique et mystérieuse en fera un poète maudit, une légende pour les tifosi qui continuent de lui louer un véritable culte.

Né le 13 janvier 1970 en Émilie-Romagne, à Cesena, Marco Pantani, dès son enfance, se prend de passion pour la bicyclette. Pas très grand (1,72 m) mais très léger (65 kg), il se montre extrêmement talentueux dès que les routes s'élèvent. À 20 ans, en 1990, il termine troisième du « Baby Giro » (le Tour d'Italie espoirs) et surclasse tous ses adversaires en montagne. En 1994, il étonne tout le monde en gagnant deux étapes consécutives du Giro, avant de finir troisième du Tour de France et d'être élu meilleur jeune.

L'apogée de sa carrière professionnelle se situe en 1998 : il gagne le Tour d'Italie puis le Tour de France avec un véritable *capolavoro* (« chef-d'œuvre » en italien) dans la quinzième étape entre Grenoble et les Deux Alpes : une attaque dans le Galibier à 50 kilomètres de la ligne ! Sous le déluge, avec un panache et un courage hors normes, il lâche l'Allemand Jan Ullrich et le devancera de neuf minutes à l'arrivée. Victoire d'étape et maillot jaune pour celui que tous nomment « le Pirate » avec sa petite barbichette, son bandana, sa boucle d'oreille et son tatouage…

On apprendra quelques années plus tard que le grimpeur italien était dopé à l'EPO pendant cette course… comme un certain nombre d'autres coureurs. Pantani et le dopage, cela restera malheureusement une longue histoire à rebondissements. En 1999, à deux jours d'une victoire annoncée sur le Giro, il est exclu de la course pour un taux d'hématocrite anormal. Il crie au complot mais, pour le coureur, idole des tifosi, cette nuit à Madonna di Campiglio, où on le voit sortir de son hôtel entouré de *carabinieri*, marquera le début de la fin de sa carrière et de sa vie…

Il va bien encore gagner quelques courses, dont l'étape du mont Ventoux sur le Tour 2000 devant un Lance Armstrong magnanime… mais les affaires de dopage vont le rattraper, l'encercler et bientôt le submerger. Alcool, dépression, drogue, Marco Pantani se sent incompris, disant payer pour les autres, accusant un « système qui le broie ».

Mortelle Saint-Valentin, le 14 février 2004, on le retrouvera succombant à une overdose de cocaïne dans une chambre d'hôtel de la station balnéaire de Rimini… Vingt mille personnes viendront le saluer à son enterrement, et des millions d'admirateurs de « Marco le maudit » continuent encore aujourd'hui à lui vouer un culte passionné comme le feraient les fans d'un chanteur disparu… Ciao l'artiste !

2006

Affaire Puerto

Poches de sang similaires à celles saisies dans le cadre de l'affaire Puerto.

À 200 pour sang coupables !

« Puerto », nom de code d'une des plus impressionnantes affaires de dopage dans le cyclisme moderne. Au centre du système, un médecin espagnol, gynécologue de formation, le docteur Eufemiano Fuentes. Le mardi 23 mai 2006, Fuentes et cinq autres suspects, dont le fameux Manolo Saiz, manager de l'équipe Liberty Seguros, sont arrêtés par la garde civile qui saisit près de deux cents poches de sang et de plasma. Perquisitions, interrogatoires, procès à grand spectacle en 2013 montreront que plus de deux cents coureurs ont utilisé le service du « docteur miracle ». La presse espagnole parle même de clients venus du football, du tennis et de la boxe.

Tout a donc commencé avec Jesús : Jesús Manzano, jeune coureur de l'équipe Kelme, qui a bien failli trépasser le 12 juillet 2003 sous nos yeux, dans l'étape du Tour de France qui nous emmenait à Morzine. Un malaise dramatique dû à un dopage raté : une injection le matin même, avant le départ, de produits et de sang frelaté.

Et Manzano, se voyant mourir, a eu tellement peur que, quelques mois plus tard, il a tout avoué, accusant le docteur Fuentes, qui était en 2003 le médecin de son équipe. Les produits : hormones de croissance, hormones féminines, testostérone, cortisone, Actovegin (sang de veau), nandrolone, EPO et de l'albumine pour baisser le taux d'hématocrite. Contrôlé plus de quarante fois, Jesús Manzano explique que les médecins autour de Fuentes utilisaient des « poussières de la mère Célestine » diluées qui cachaient les produits dopants. « On divisait nos fesses en quatre parties devant la glace pour ne pas se piquer au même endroit et éviter les bleus. »

« C'est un énorme scandale ! » déclare en 2006 Dick Pound, le président de l'Agence mondiale antidopage. Dans la foulée, le Tour de France exclut deux équipes au départ de Strasbourg, dont Jan Ullrich et Ivan Basso.

Jesús a parlé et d'autres coureurs, apôtres de la vérité, vont à leur tour tout avouer. L'Allemand Jörg Jaksche, un ancien de la T-Mobile et de la Once, expliquera en détail : « Je tendais le bras, et on me piquait. Et la direction de l'équipe savait tout ! Mon surnom chez Fuentes c'était "Bella", inscrit sur les poches de sang. Cela me coûtait 7 000 euros. Fuentes était fort. Aucun de ses clients ne connaissait les autres. »

Après des années de silence ou de dénégation, plusieurs grands champions ont décidé enfin de passer aux aveux, reconnaissant s'être dopés pendant leur carrière. C'est le cas d'Ivan Basso, de Jan Ullrich, de Michele Scarponi, d'Erik Zabel et de Bjarne Riis. Mais, paradoxe à peine croyable, au même moment, en 2016, la justice espagnole a décidé de blanchir le docteur Fuentes ! Seul espoir de mettre un point final à cette affaire, les deux cent onze poches de sang ne furent pas détruites mais transmises aux principales autorités internationales, dont l'AMA. Ouf !

2010
Fabian Cancellara

Une arme secrète pour Spartacus ?

Tour des Flandres 2010 : le champion de Suisse s'envole dans le mur de Grammont. Tom Boonen, dans sa roue au pied de la côte, est décroché...

« Spartacus », esclave et gladiateur qui fut le principal chef des révoltés lors de la troisième guerre servile à Rome entre 73 et 71 av. J.-C, un surnom donné au coureur suisse Fabian Cancellara, super spécialiste du contre-la-montre qui a collectionné les titres dans les années 2000 et 2010 : champion olympique en 2008 et en 2016 ; champion du monde en 2006, 2007, 2009 et 2010 ; enfin, dix fois champion de Suisse entre 2002 et 2016 ! L'Helvète, également titré sur route en 2009 et en 2011, était un très grand rouleur et un excellent finisseur, ce qui lui permettait de cibler les courses d'un jour et d'accrocher à son palmarès les plus grandes classiques : trois Paris-Roubaix, trois Tours des Flandres et un Milan-San Remo, entre autres... Sur les grands tours, il gagnait souvent les chronos individuels, en particulier les prologues, et conservait la tête du général jusqu'à la première arrivée en altitude où, naturellement, il finissait dans le *gruppetto*, dont il était l'un des patrons.

Sur le Tour, Cancellara a gagné huit étapes et passé vingt-neuf jours en jaune, l'occasion de découvrir à notre micro un garçon charmant, un « bon client » comme on dit dans le milieu de la télé, parce qu'il savait parler de son sport. Cancellara était un coureur spectaculaire et offensif, jamais avare, dès que le parcours le permettait, d'une tentative sous la flamme rouge, en poursuiteur, à bloc dans le dernier kilomètre. Parfois ça passait, parfois ça cassait, et les sprinters le doublaient sur le fil dans les cent derniers mètres.

Une carrière parfaite ? Malheureusement, deux de ses victoires, à une semaine d'intervalle (le Tour des Flandres et Paris-Roubaix 2010), sont venues semer le doute sur la probité du bonhomme... Deux courses où Cancellara a produit des accélérations aussi fulgurantes que décisives. Dimanche 4 avril 2010 d'abord, l'occasion d'un duel de titans avec Tom Boonen sur les monts des Flandres, et une attaque du Suisse, assis sur la selle au plus fort de la pente, qui a laissé son plus grand rival scotché dans le mur de Grammont. Sept jours plus tard, « Spartacus » a remis ça à 49 kilomètres de l'arrivée à Roubaix en partant seul sur une portion très roulante, sans que personne ne puisse prendre sa roue !

Au soir de la course, un coureur de Cofidis confiait à un photographe de presse que le vélo du champion suisse produisait un énigmatique bruit électrique. Quelques jours plus tard, Davide Cassani, un ancien cycliste professionnel et consultant à la Rai (la télévision publique italienne), révélera qu'Istvan Varjas, un ingénieur hongrois, avait conçu des vélos propulsés par un moteur électrique niché dans le cadre, à proximité du pédalier.

Info ou intox ? Des révélations qui pourraient expliquer les coups de « boost » de Cancellara, et les images diffusées sur le Web vont vite faire enfler la rumeur : cadence de pédalage très élevée, supériorité écrasante et plusieurs changements de bicyclette en divers endroits du parcours. Aucune preuve n'a jamais été apportée, et le Suisse a toujours nié un quelconque dopage technologique. Mais, en janvier 2016, la découverte dans la zone de dépannage technique du circuit des championnats du monde de cyclo-cross de Zolder d'un vélo équipé d'un moteur électrique (dont la Belge Femke Van den Driessche avait vraisemblablement l'intention de se servir pendant l'épreuve des moins de 23 ans) a relancé la polémique...

2017
Michele Scarponi

Insécurité routière

Liège-Bastogne-Liège 2017 : hommage à Scarponi, victime la veille d'un accident mortel.

Michele Scarponi, c'était d'abord un sourire, la bouille rieuse d'un petit garçon qui a envie de faire des bêtises. Il n'était pas considéré comme ces très grands champions au palmarès impressionnant, il avait gagné la Tirreno-Adriatico en 2009, le Tour de Catalogne en 2011, trois étapes du Giro et le Tour d'Italie en 2011 (Contador ayant été déclassé pour dopage). Michele Scarponi était reconnu surtout comme un super coéquipier, en particulier pour Vincenzo Nibali, qu'il avait rejoint en 2014 chez Astana et avec qui « le Requin de Messine » (le surnom de Nibali) avait remporté le Giro et le Tour en 2016. Scarponi était « monsieur sympa » au sourire contagieux et à la blague facile. En parlant de son caractère enjoué, on comprend mieux le choc émotionnel qui a provoqué l'annonce de sa mort accidentelle la veille de Liège-Bastogne-Liège, le 22 avril 2017.

Michele Scarponi n'était pas engagé sur cette grande classique belge, « la Doyenne » : il était resté en Italie pour mieux se préparer au Giro. Fabio Aru forfait, il devenait le leader de son équipe, alors, ce samedi matin, comme tous les jours en période d'entraînement, il a quitté sa femme Anna et ses jumeaux Tommaso et Giacomo avec quelques baisers, et il a enfourché son vélo direction la campagne autour de sa maison, à Filottrano. Giuseppe Giacconi, un maçon de 58 ans qui n'habitait pas loin, a fait de même avec sa camionnette. Arrivé à un carrefour, Giuseppe a commis l'irréparable. L'enquête des *carabinieri* l'a prouvé : il regardait une vidéo sur son Smartphone quand il a percuté Michele Scarponi de plein fouet ! Le champion est mort sur le coup...

Non lo so, non c'è la faccio ! Non ho parole amico mio, a twitté Nibali, exprimant en peu de mots la consternation qui a frappé le monde du cyclisme : « Je ne sais pas, je ne sais pas quoi faire, je n'ai pas de mot mon ami. »

La liste est longue des cyclistes – champions ou pas – touchés, renversés, blessés, tués par des automobilistes imprudents, inconscients ou mal intentionnés... Une véritable série noire depuis 2016, à l'image de l'équipe Giant-Alpecin percutée par une touriste anglaise circulant à contresens sur une route en Espagne. Parmi les victimes, Warren Barguil et John Degenkolb, amputé de l'index de la main gauche. Il ne tenait plus que par un bout de peau ! Depuis, il lui a fallu réapprendre à freiner...

Le 3 mars 2016, la mort de Romain Guyot de Vendée U ; le 17 janvier 2017, Damien Garcia percuté par-derrière à Gelos, dans les Pyrénées-Atlantiques ; en avril 2017, Yoann Offredo agressé en vallée de Chevreuse ; en mai 2017, Nicky Hayden, champion du monde de moto, tué à vélo sur une route italienne, et Chris Froome renversé par une auto près de Monaco...

La liste est longue, trop longue ! Alors, halte au massacre ! Il est urgent que tout le monde réapprenne non seulement le Code de la route mais aussi la patience, l'altruisme, la courtoisie, le respect et, surtout, que la chaussée se partage !

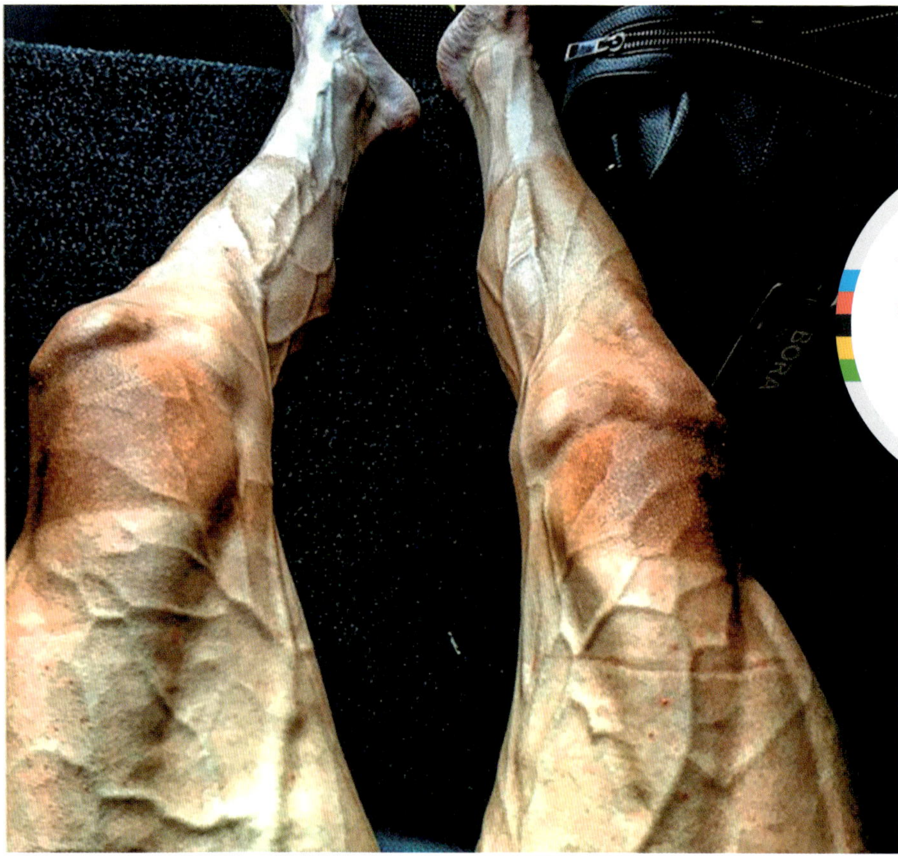

p.poljanski
Rhône-Alpes, France

2017
Pawel Poljanski

La peau sur les os

Les jambes de Poljanski ont fait fureur sur Instagram !

« Je pense que mes jambes ont l'air fatiguées. » Commentaire sibyllin posté sur le compte Instagram de Pawel Poljanski après l'arrivée de la seizième étape du Tour 2017, à Romans-sur-Isère. Des veines saillantes, une peau fripée et un bronzage inégal : les pattes de Poljanski, ainsi exposées sur la « toile », ont fait leur effet... Lumière éphémère sur le coureur polonais, équipier de l'ombre de Peter Sagan à la Bora-Hansgrohe. On vous doit des explications.

Poljanski n'est ni mutant ni anorexique ni malade en phase terminale. À ce moment-là du Tour de France, il est même au meilleur de sa forme. L'effort d'endurance est très exigeant pour le métabolisme et entraîne des adaptations importantes du corps humain : le volume de sang, par exemple, passe de 5 litres environ chez une personne non entraînée à 7 ou 8 litres chez un sportif de haut niveau. Un cœur plus gros pour pomper davantage. Des muscles sursollicités qui se débarrassent de leur réserve de graisse. Et, dans le cas d'un morphotype élancé comme celui de Froome, Bardet ou Poljanski, qui plus est par une forte chaleur, les veines peuvent paraître énormes !

Cette photo pose évidemment le débat au sujet de la maigreur des coureurs cyclistes. Une véritable obsession pour certains, qui n'ont pas hésité à consentir de gros sacrifices. Bradley Wiggins par exemple, grand pistard, champion de poursuite, qui n'était pas réputé pour être une allumette. Le Britannique s'était aligné sur le Tour 2011 amaigri de 13 kilos ! Peut-être trop léger, trop fragile, à la merci du moindre grain de sable dans la formidable mécanique. C'est d'ailleurs la malchance (une fracture de la clavicule) qui l'écarta lors de la septième étape. « Wiggo » allait revenir plus fort et gagner le Tour 2012...

Dans l'entourage de Lance Armstrong, le docteur Michele Ferrari avait sanctuarisé un chiffre qui devait garantir le maillot jaune au champion américain. Il lui fallait pour cela maintenir un rapport poids/puissance de 6,4 W/kg. Armstrong, professionnel jusqu'au bout des ongles, arrivait toujours affûté au départ du Tour, ce qui n'était pas le cas de Jan Ullrich. Peut-être une des raisons pour lesquelles il n'a plus gagné le Tour après 1997. Mal dans sa peau, l'Allemand commettait de gros écarts, bon vin, bonne bouffe, et prenait jusqu'à 8 kilos durant l'hiver, au moment où, justement, on essaime le terreau pour la saison suivante. Fred Grappe (le directeur de la performance de la FDJ) nous raconte qu'aujourd'hui, avec les méthodes individualisées de micronutrition, le poids est relativement stable toute l'année, ce qui permet d'arriver plus vite au pic de forme en faisant moins de kilomètres. Et les organismes souffrent moins de « l'effet yo-yo » qui les use. À l'inverse d'Ullrich pour qui, en 2006, le docteur Fuentes avait concocté un programme express pour passer de 84 à 76 kilos en cinq semaines ! Un amaigrissement drastique et douteux...

Mort subite

Retrouvé inanimé au bord de la route lors de Paris-Roubaix, Michael Goolaerts est pris en charge par le service médical.

« Il y a des images qui n'ont rien à faire sur un terrain de sport. » Nos amis journalistes – Patrick Chêne, Patrick Montel, Thierry Adam, Henri Sannier, Alexandre Pasteur, Christian Prudhomme notamment – ont été obligés parfois de le dire à l'antenne après des agressions, des bagarres, des gestes d'antijeu mais, lorsque la mort survient en direct, il est bien difficile de trouver des mots... À vélo, parfois, après la chute c'est la tombe, et la liste noire est peuplée de grands noms : Joaquim Agostinho (Tour de l'Algarve 1984), Fabio Casartelli (Tour de France 1995), Andrei Kivilev (Paris-Nice 2003), Wouter Weylandt (Giro 2011)... Dur à encaisser, mais ce sont, dit-on, « les risques du métier » pour ces acrobates sur deux roues qui voltigent à 100 km/h sur une surface de contact d'à peine 7 millimètres...

Encore plus insupportables, les morts subites sont aussi incompréhensibles que révoltantes. On se souvient en football de l'image terrible de Marc-Vivien Foé au sol, les yeux révulsés sur la pelouse du stade Gerland lors de la Coupe des confédérations 2003. À bicyclette, l'édition 2016 du Critérium international en Corse fut marquée par le décès de Daan Myngheer. Le jeune espoir du cyclisme belge s'est envolé sur un arrêt cardiaque à 25 kilomètres de l'arrivée de la première étape, à Porto-Vecchio. Deux ans plus tard, à l'autre extrémité de l'Hexagone, sur la cent seizième édition de Paris-Roubaix, Michael Goolaerts a sombré dans l'enfer du Nord... Ce fut d'abord une étonnante gamelle sous les yeux d'Adrien Garel, le Français du team Vital Concept, qui le suivait à deux longueurs dans le deuxième des vingt-neuf secteurs pavés de la course. Le soir, il racontait à la presse qu'il avait d'abord cru que le coureur belge avait juste perdu le contrôle de son vélo. En réalité, le « gamin » de 23 ans a été victime d'un « arrêt cardio-respiratoire » en plein effort.

Le cœur qui flanche ? On pourrait faire un raccourci facile : le dopage... Lors de la mort de Tom Simpson sur les pentes du Ventoux en 1967, on avait incriminé sa prise d'anabolisants. Aujourd'hui, ce seraient les autotransfusions ou la prise d'EPO, qui stimule la production de globules rouges et densifie le sang... Une course en avant qui paniquait Bruno Roussel du temps où il dirigeait Virenque et l'équipe Festina. Pour éviter si possible les excès et les dérapages, il avait accepté que soit organisé un dopage « médicalisé » dans son équipe. Mais, sur le Tour 1997, il avait compris que la situation lui échappait en voyant ses coureurs pédaler sur home-trainer en pleine nuit, la veille de l'étape Le Bourg-d'Oisans-Courchevel, pour... évacuer les effets néfastes d'une prise importante de Kenacort (un corticoïde).

Autre explication de ces morts subites : une malformation cardiaque dont on ignore l'existence ou que l'on nie sciemment. Exemple avec le Français Fabrice Salanson en 2003. Le grand espoir de l'équipe Brioches La Boulangère est décédé dans son sommeil à Dresde, la veille du départ du Tour d'Allemagne. Peu de temps avant le drame, des examens médicaux avaient révélé que son cœur courait désormais un grand risque sur les efforts intenses. Dopage ou pas, en cas d'infarctus sur un terrain de sport, chaque seconde compte pour réaliser les gestes qui sauvent, et ce n'est pas David Ginola qui vous dira le contraire !

Bibliographie et ouvrages de référence

Histoire du cyclisme : les légendaires, Roger Bastide, Robert Chapatte et Dominique Grimault, La Maison du sport, 1988
Un petit vélo dans la tête, Geneviève et Gérard Picot, éditions Jean-Pierre de Monza, 1991
La Fabuleuse Histoire du cyclisme, Pierre Chany, Éditions de La Martinière, 1995
Les Conquérants de l'Olympe, Alain Monestier et Pierre Bellemare, Albin Michel, 1996
Des grands hommes à vélo, Renaud Alberny, collection « La Véridique Histoire », Glénat, 1998
À bicyclette, Edward Nye, Sortilèges, 2000
Les Grandes Heures du cyclisme, William Fotheringham, Hachette Pratique, 2003
Les Vélos mythiques vainqueurs du Tour de France, Bruno Bade et Yves Blanc, Michel Lafon, 2003
Histoire du cyclisme, Jean-Paul Ollivier, Flammarion, 2003
Les Incroyables du cyclisme, Sylvie Lauduique-Hamez, Calmann-Lévy, 2007
Le Vélocipède, objet de modernité (1860-1870), Nadine Besse et Anne Henry, Silvana Editoriale, 2008
Cyclisme nostalgie, Christian-Louis Éclimont, Hors Collection, 2012
Les Grands Noms du cyclisme, Julien Leduc, Glénat, 2012
Les 1001 vélos sur lesquels vous rêvez de rouler, Guy Kesteven, Flammarion, 2015
V comme vélo : l'histoire du cyclisme de A à Z, Suze Clemitson et Mark Fairhurst, Vigot, 2016
Le Tour du monde en 80 courses : les plus belles histoires du cyclisme, Gilles Belbin et Daniel Seex, Solar, 2017
50 Vélos qui ont marqué l'histoire du cyclisme, Tom Ambrose, L'imprévu, 2017
Monuments du cyclisme, François Paoletti, Foucauld Duchange et Matthieu Lifschitz, Tana éditions, 2017
Cycling's Strangest Tales, Iain Spragg, Pavilion Books, 2017
Rouler plus vite que la mort, Philippe Brunel, Grasset, 2018
Le Compte-Tours, Serge Laget et Claude Maignan, Communication, 2018

Les auteurs ont également puisé les détails de leurs histoires dans l'incommensurable richesse d'Internet (Wikipedia, YouTube), dans les archives de l'INA, dans les articles de journaux et magazines (*L'Équipe*, *Le Monde*...).

Crédits photographiques

© Presse Sports / *L'Équipe* – Prévost/Presse Sports : p. 19, 87 ; Mantey/Presse Sports : p. 22, 43, 47 ; Boutroux/Presse Sports : p. 24, 61, 112, 114, 118 ; Papon/Presse Sports : p. 25, 29, 66, 123 (photo principale) ; Landrain/Presse Sports : p. 26, 113 ; Mons/Presse Sports : p. 28 ; Archives Presse Sports/*L'Équipe* : p. 30-31, 33, 35, 36, 37, 38, 39, 40, 42, 44, 45, 50-51, 54, 55, 56, 57, 58, 60, 80, 82, 84, 85, 97, 98, 99, 100, 101, 102, 103, 104, 105, 106, 107, 109, 110, 111 ; Boué/Presse Sports : p. 41 ; Clément/Presse Sports : p. 62, 63 ; Legros/Presse Sports : p. 64 ; Fablet/Presse Sports : p. 65 ; Scott/USA Today Sports/Presse Sports : p. 72 ; Dupuy/Presse Sports : p. 73 ; Krieger/Presse Sports : p. 94-95, 108 ; Perrocheau/Presse Sports : p. 117 ; Bade/Presse Sports : p. 120
© Getty Images – Leemage/Corbis via Getty Images : p. 10 ; SSPL/Getty Images : p. 12 ; The Print Collector/Getty Images : p. 14 ; Paull/Getty Images : p. 15 ; Bettmann/Getty Images : p. 16 ; VCG/Getty Images : p. 21 ; Ronbog/FrontzoneSport via Getty Images : p. 23 ; Library of Congress/Getty Images : p. 34 ; de Waele/Getty Images : p. 46, 48, 49, 67, 68, 92 (photo principale), 122, 123 (petite photo) ; Pratt/Keystone Features/Getty Images : p. 59 ; Marchi/Gamma-Rapho via Getty Images : p. 69 ; BL/Getty Images : p. 70 ; Mason/Popperfoto/Corbis via Getty Images : p. 71 ; Hulton Archive/Getty Images : p. 76 ; De Agostini Picture Library/Getty Images : p. 78 ; Ujetto/Pacific Press/LightRocket via Getty Images : p. 89 ; Pool Le Corre/Rossi/Gamma-Rapho via Getty Images : p. 74-75, 90 ; Stone/Action Plus via Getty Images : p. 93 ; Prévost/TempSport/Corbis/VCG via Getty Images : p. 115 ; Ruet/Sygma via Getty Images : p. 116 ; Heimken/Picture Alliance via Getty Images : p. 119 ; Acker/Bloomberg via Getty Images : p. 121.
© Bridgeman Images – p. 8-9, 11, 13, 18, 77.
© Leemage – Farabola/Leemage : p. 81.
© Géraldine Gaudy – p. 6 (gauche).
© Collection personnelle – p. 6 (droite).
© Mathieu Pfeffer/DNA – p. 88.
© Dennis Daamen – p. 91.
© D.R. – p. 17, 20, 27 (x 2), 32, 52, 53, 79, 83, 86, 92 (petite photo), 96 (x 2), 124, 125.

Couverture : © Stockman/Belga/Icon Sport (en haut), © Archives Presse Sports/*L'Équipe* (en bas).
Quatrième de couverture : © Bridgeman Images, © Pool Le Corre/Rossi/Gamma-Rapho via Getty Images, © Presse Sports/Boutroux (de gauche à droite) ; photo des auteurs et des vignettes des couvertures de la collection : D.R.

Tous les efforts ont été faits afin de déterminer les détenteurs des droits de reproduction des documents d'époque, et l'éditeur s'excuse par avance de toute erreur ou omission involontaire, qui sera corrigée dans les futures éditions de cet ouvrage.

@les100histoires
#les100histoires

www.les100histoires.com

ISBN : 978-2-324-02382-8 / Dépôt légal : mai 2019
Éditions Gründ, 12, avenue d'Italie, 75013 Paris / www.grund.fr
Imprimé en France par Pollina - 89074

Ouvrage conçu et réalisé par OLO Éditions
Conception graphique : Stéphanie Boulay
Édition, mise en page et relecture-correction : ZS studio
Réalisation photogravure : G3C/Cédric Delsart